歴史文化ライブラリー
129

マザーグースと日本人

鷲津名都江

吉川弘文館

目次

マザーグースあれこれ

マザーグースとは何か

マザーグースとは

英語圏の小さい子どもたちが読んだり遊んだり歌ったりする伝承童謡の総称を、概して、アメリカや日本では「マザーグース(Mother Goose)」、本家本元のイギリスやイギリス連邦などでは「ナーサリーライム(nursery rhymes＝子ども部屋あるいは幼児の押韻詩《おういんし》)」と呼ぶことが多いようです。

マザーグースのなかには、比較的新しく仲間に加わってきたものもあれば、イギリスで何百年にもわたって口伝えで伝わってきたと考えられているものもあります。作者や制作年がはっきり分かっていないものがほとんどですし、年代により、地域により、人により、ところどころ言葉やメロディーが違っていることも珍しくなく、その総数は七〇〇とも一

○○○ともいわれています。

英語圏では、日常会話のなかでマザーグースの一節を使って譬《たと》えたり、からかったりするのは日常茶飯事ですし、新聞などの政治・経済欄の見出しやコマーシャル、小説にも頻繁に登場するなど、マザーグースは常識であり、大人と子どもの共通文化財産として現代にしっかりと生きつづけています。

日本におけるマザーグース

では日本においては、マザーグースはいったいどれほど浸透しているのでしょうか。「ロンドン橋」「キラキラ星」「メリーさんの羊」はマザーグースのなかの歌ですが、マザーグースとは知らずに歌っていたという人によく出会います。また、マザーグースという言葉を知っている人の多くは、アガサ・クリスティ作品などのミステリーによくマザーグースの一節が登場することから、その不気味さに興味をもつ推理小説ファン、「アリス」の話に出てくるハンプティ・ダンプティのイメージをもつ人、「伝承童謡」という言葉の響きや「ロンドン橋」の遊びから、日本のわらべうたのようなものと思っている人など、残念ながらまだまだ断片的な理解にすぎない人がほとんどです。

マザーグースには、遊び歌や数え歌、子守歌など、日本のわらべうたとの共通ジャンルのものもありますが、それはほんの一部にしかすぎません。それに、イギリスでの一般的な呼称「ナーサリーライム」という言葉が示すように、マザーグースは歌というよりも押韻詩《おういんし》（ライム）なので、曲のない詩も数多くありますし、曲がついていても必ずしも歌わずに、英詩の強弱のリズムのみをつけて、楽しそうに口ずさむことも多いのです。

ですから、日本のわらべうたでは見かけない、昔話、なぞなぞ、格言、早口言葉なども押韻詩になっていますし、風刺詩《ふうし》、ナンセンス詩、男女の心模様をうたったものなど、日本の川柳《せんりゅう》、狂歌《きょうか》、相聞歌《そうもんか》に該当する詩も多いのです。つまり、子ども向けばかりでなく、大人も楽しめる詩が数多くあり、マザーグースは日本のわらべうたよりも広い世界をもっているといえるのです。

本書では、マザーグースがどのように日本人に受け入れられてきたかを概観することによって、日本における外来文化受容のありかたのひとつを浮彫りにするとともに、二十一世紀の国際社会のなかで、日本人がより柔軟に外国文化を吸収消化していける可能性を、日本人のマザーグース受容の多様性から探っていければと思います。

イギリスの伝承童謡集とマザーグース

伝承童謡集『マザーグースの歌』誕生

イギリスで古くから親しまれ、愛されてきた伝承童謡マザーグースですが、現存する最古の詩集は一七四四年ごろにメアリー・クーパーによって編集された、『トミー・サムの可愛い唄の本』（*Tommy Thumb's Pretty Song Book*）とされています。

そして十八世紀には、このほかにもいくつかのマザーグースの本がイギリスで出版されています。そのなかで最も有名なのが、一七六五年ごろの出版といわれている『マザーグースのメロディー／ゆりかごのためのソネット』（*Mother Goose's Melody, or Sonnets for the Cradle*）で、よく日本で略していうところの『マザーグースの歌』です。イギリスの児童図書出版では草分け的存在のジョン・ニューベリー（一七一三～六七）が、五一篇のマザーグースを集めてまとめた本で、英国伝承童謡集とマザーグースという言葉がはじめて結びつけられた本です。

『マザーグースの歌』は大ヒットし、以来イギリスでも、絵本や伝承童謡集に関しては、“Mother Goose Nursery Rhymes” など、“Mother Goose” という言葉が入った伝承童謡絵本のタイトルが見られるようになりました。このニューベリーの本はアメリカにも渡って、一七九四年に海賊版が出版され、アメリカ人の間にも “Mother Goose” という言葉が広まっていったのです。

ですから、マザーグースのなかには何百年にもわたって伝えられてきたと思われる古い詩が数多くありますが、英国伝承童謡とマザーグースという言葉の結びつきは、伝承という言葉のイメージとは違ってそれほど古くはないということです。しかも、前節でも述べたように、イギリスでは伝承童謡の一般的な呼称として「ナーサリーライム」が使われています。イギリスにおけるマザーグースという言葉は、このニューベリーの本にあやかって、ナーサリーライム絵本につけられるタイトル、あるいはタイトルの一部に時々顔を出すという程度です。

マザーグースという言葉のイメージ

では、どうしてニューベリーが伝承童謡集にマザーグースという言葉を使ったのでしょうか。フランスの詩人であり童話作家でもあるシャルル・ペロー（一六二八～一七〇三）が、『シンデレラ』などヨーロッパの民間伝承を集めた童話集を出版し、それが一七二九年に英訳されてイギリスで出版され、大変な人気を博していたからです。その本の副題には「ガチョウおばさん《マ・メール・ロワ》の話」とあり、この副題も英訳されて“Mother Goose's Tales”と紹介されました。これが、英語で“Mother Goose”という言葉が使われた最初になります。

当時、フランスやドイツなどヨーロッパの国々ではガチョウをたくさん飼っていて、そのガチョウたちが畑を荒らしたり迷子にならないように番をしていたのは、たいていはお年寄りの役目でした。ですから、ペローの本で“Mother Goose”と英訳された“ma mère l'oye”というフランス語は、年配の「ガチョウ番のおばさん」を指し、さらにそういうおばさんたちは暇なときには近所の子どもたちに昔話や昔の歌を聴かせてくれたことから、「ガチョウのようにグワッグワッとおしゃべり好きで昔話をしてくれるおばさん」というイメージをもつ民間伝承の言葉として、ヨーロッパではすでに定着していたのです。

そしてイギリスでも、このペローの童話集によって、伝承のイメージとマザーグースという言葉が結びついて馴染《なじ》みになっていました。そこでニューベリーは、伝承童謡集のタイトルにこの言葉をうまく使って、『マザーグースの歌』をヒットさせたという次第です。

さらに印刷技術の進歩で美しいカラー印刷もできるようになった十九世紀後半からは、絵本画家の草分け的存在のウォルター・クレーン（一八四五〜一九一五）、ランドルフ・カルディコット（一八四六〜八六）、ケイト・グリーナウェイ（一八四六〜一九〇一）をはじめ、マザーグースに魅せられた多くの画家たちが、芸術的にも質の高い絵本を続々と出版するようになり、今日にいたっています。

マザーグースが現在でも生きつづけているのは、伝承本来の形である音の側面が大きな役割を果たしていることはもちろんです。しかし、すぐれた絵本がこのように次々と発表されてきたことが、マザーグースの伝達や研究にどれほど多く貢献してきたかということも忘れてはならないでしょう。

イギリスにおけるマザーグース研究

最初の研究者ハリウェル

マザーグースの研究は、一八四二年、J・O・ハリウェル（一八二〇～八九）の画期的な著作『イングランドの伝承童謡』（*The Nursery Rhymes of England*）（T・リチャード印刷、ロンドン）でやっと幕開けとなりました。日本でのわらべうたの研究が少ないのと同様、この研究はイギリスでも今なお、シェイクスピア研究などに比較すると格段に少ないのが現実です。

シェイクスピア研究の学者としても有名なハリウェルは、伝承のマザーグースを学問的にとらえようとした、マザーグース研究者として最初の人物といえます。彼はこの本のなかに六〇〇以上もの口頭伝承のマザーグースを収録し、記録を残すことを重要視し、注釈

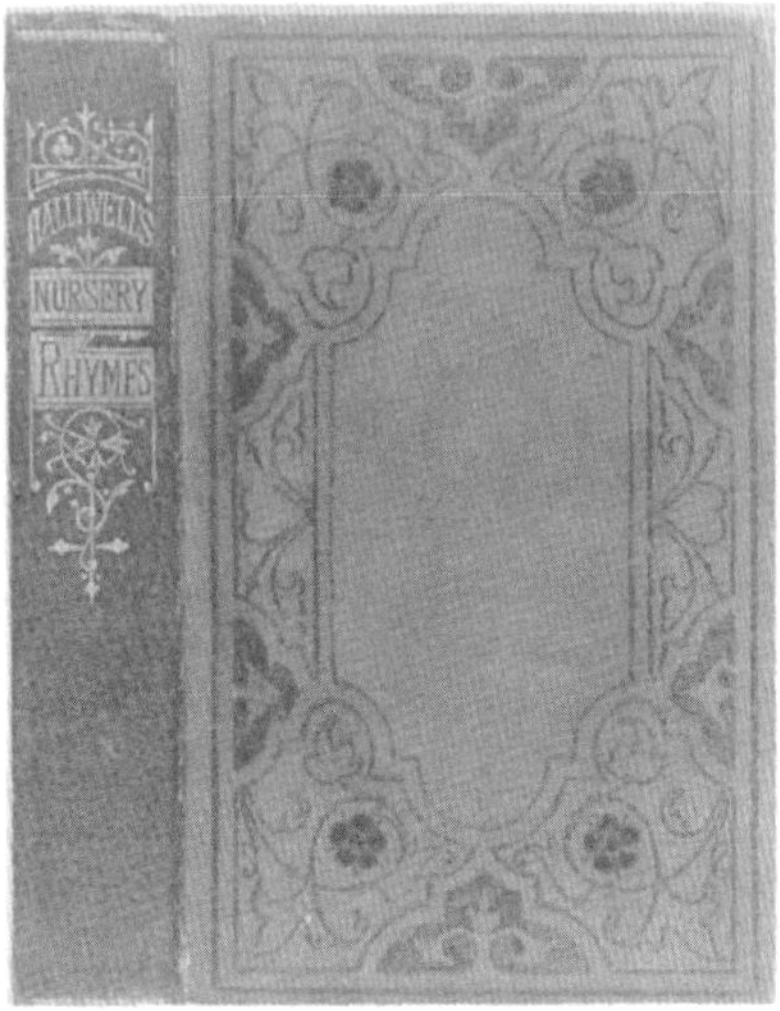

右　J. O. ハリウェル編『イングランドの伝承童謡』第 5 版（フレデリック・ウァーン社, 1854）
下　同上, 中扉

をつけ、分類を試みています。

一八四九年には、『イングランドの民謡とお伽話《とぎばなし》』（*Popular Rhymes and Nursery Tales of England*）も出版され、ハリウェルのこの二冊の本は、一九五一年にオーピー夫妻（アイオナ・オーピー〈一九二三〜〉、ピーター・オーピー〈一九一八〜八二〉）の『オックスフォード版伝承童謡辞典』（*The Oxford Dictionary of Nursery Rhymes*）（オックスフォード大学出版局）の登場まで、常にマザーグースの年代や起源を知る際のよりどころとされてきました。

『オックスフォード版伝承童謡辞典』

民俗学者であり、伝承遊具や児童図書の収集者としても知られるオーピー夫妻の著作『オックスフォード版伝承童謡辞典』は、ハリウェルの『イングランドの伝承童謡』の座を受

I. & P. オーピー編『オックスフォード版伝承童謡辞典』改訂版（オックスフォード大学出版局）

け継ぎ、初版が出版されて以来版を重ねつづけ、マザーグース研究の決定版といわれてきました。一九九七年の改訂版が出された現在も、マザーグース研究家たちのよりどころとされています。

この辞典には五五〇篇（改訂版五四九篇）のマザーグースが収録され、オーピー夫妻はそれぞれのマザーグースについて、初出文献などできるかぎり多くの具体的なデータを示そう、人々にマザーグースのありのままの姿を伝えようと試みています。さらに、「ナーサリーライムは集められても類別されるべきものではない」と夫妻は主張し、辞典として引きやすくするために、マザーグースを主要語句のアルファベット順に配列するというはじめての試みをしています。

音やリズム面からの研究

ハリウェルやオーピーの研究書は、いずれも民俗学的、あるいは文学的なアプローチによる研究ですが、マザーグース伝承の大きな原動力の一つと考えられる音の側面、そのリズムや曲などについての研究は、これまでイギリスのみならず英語圏ではほとんどなされていません。『オックスフォード版伝承童謡辞典』の改訂版に、音楽学者C・ハンコック著「ナーサリーライムの歌としての伝承について」という論考が、前書きの後に付け加えられた程度です。英語圏の人にとってマザーグースを音で楽しむことは、英語を話すことと同様、あまりにも当たり前になっているからでしょうか。

一九八六年から三年半の間、筆者はロンドン大学教育学研究所に在籍しました。そして、現地での幼稚園や家庭におけるマザーグースの現状をリサーチするうちに、マザーグースがこれほど根強く伝承され、大人と子どもの共通文化になっている背景を探るには、マザーグースの音やリズム面の研究なしには手がかりが得られないと思うようになりました。

当時イギリスでも、言語学の専門書で英語のリズム構造とマザーグースとの関連を述べていたのはわずか一冊、それもほんの二ページ程度しかありませんでした。

そこで、「日本のわらべうた伝承の衰退現象と、イギリスにおけるマザーグースの伝承の力強さの違いは、英語と日本語のリズムの違いによるもの」との仮説をたてて提出したのが拙論文、「日英伝承遊び歌の比較研究」（"A Comparative Study of English and Japanese Children's Traditional Play Songs"）（一九八七年、翻訳版は『わらべうたとナーサリー・ライム』晩聲社、一九九二年）です。

修士論文作成中に仮説の可能性を、研究所の言語学や英語教育学の先生方、イギリス人の友達、リサーチ先の小学校や幼稚園の先生たち、いろいろな人に聞いてみましたが、

「考えたこともなかったけれど、日本語や日本文化との比較でそうならば、有り得るかもしれない」との意見が大多数で、言語学者の教授には「新分野」とまで言われてしまいました。しかし、拙論もその足がかりをつけているにすぎず、マザーグース研究発展のためにも、マザーグース鑑賞の手助けとするためにも、今後多くの音やリズム面のマザーグース研究が待たれるところです。

ですから、日本に入ってきているマザーグースは、英語圏で伝承されてきた本来のマザーグースの姿とはかなり違い、文献から入ったマザーグース、訳された日本語を通して知るマザーグースという、偏った受け入れられ方になりがちであったことは否めません。しかしその受容の流れを知ることから、そしてその偏りを再認識することにより、日本人が西洋文化を受け入れる際の普遍性が見えてくるのではないかと考えつつ、先をすすめたいと思います。

マザーグース伝来

明治〜大正時代にかけて

明治初期におけるマザーグース伝来の可能性

ミッションとのかかわり

マザーグースが、いつごろ日本にはいってきたのかは、はっきり分かっていません。日本におけるマザーグースの本格的な翻訳本としては、大正十年（一九二一）の北原白秋《きたはらはくしゅう》訳『まざあ・ぐうす』（八一〜九三ページ参照）まで待たなければなりませんが、それ以前にも、竹久夢二《たけひさゆめじ》はすでに明治四十三年（一九一〇）出版の詩画集『さよなら』に、明らかにマザーグースを下敷きにした詩を二篇入れており、その後の詩画集にもあちこちで彼一流のマザーグースを見つけることができます。

丸善の輸入書目録にも、明治四十二年から四十三年にかけて、何回も *Mother Goose's*

Nursery Rhymes and Fairy Tales が出てきますし、大正元年（一九一二）には *Mother Goose's Book of Nursery Rhymes and Songs* や *Mother Goose Nursery Rhymes* も掲載されています。つまり明治の末にはすでに、日本人にもマザーグースが認識されはじめていたということになります。

しかし、本来の伝承という性質から考えると、マザーグースと意識されずに、もっと早く日本に上陸している可能性が大きいと言えます。というのも、開港とともに欧米の文化がどんどん流入してきました。そして、積極的にこれら欧米の文化を取り入れて、日本は新しい国づくりをめざしたからです。

特に近年の研究（手代木《てしろぎ》俊一《しゅんいち》著『讃美歌・聖歌と日本の近代』音楽之友社、一九九九年）によれば、明治十五年（一八八二）から十七年にかけて出版された文部省『小学唱歌集』九一曲のうち一五曲は讃美歌に日本語の歌詞をつけたものであることや、唱歌として歌われてきたスコットランド民謡『蛍の光』やアイルランド民謡『庭の千草』も、明治九年（一八七六）にアメリカの讃美歌として持ち込まれて定着したことが判明し、当時、いかに多くの外国人、特にアメリカの宣教師たちが、日本の西洋音楽教育にかかわっていたかが明らかになってきています。

明治に入る四年前、元治元年（一八六四）には、日本最初の日曜学校がヘボン博士によって開設されています。そして明治三年（一八七〇）以来、プロテスタント教会各教派の宣教師が主にアメリカから続々と来日し、神戸・横浜などで布教活動をするのと同時に、英語教育や音楽教育・幼児教育にも大きくかかわっていくことになります。つまり、国レベルの欧米文化摂取と平行して、知識欲に燃える青年や知識階級の子女たちも、外国文化や英語の勉強のために、これらクリスチャンの外国人家庭や日曜学校を訪れ、大きな影響を受けていったのです。

現代でもマザーグースは、英語圏の人々にとっては身体に染《し》みついているもので、「これはマザーグース」と意識して歌ったり口ずさんだりするものではありません。ですから、この時代の外国人宣教師の口から、自然にマザーグースの詩や歌が、日本人にはマザーグースと知られずに伝わってきた可能性は大きいと思いますが、あまりにも日常的なものなので、それを証明する資料は皆無に等しいのです。

幼稚園での実例

しかし幸いなことに、筆者は偶然そのことを立証できる場面に立ち会いました。まだ、マザーグース研究をするようになるとは夢にも思っていなかった昭和五十三年（一九七八）、ＮＨＫテレビ成人の日特集「われら万年青年」という番組で、当時満九十三歳の吉田其枝《そのえ》さん（明治十八年〈一八八五〉生）のインタビューを担当したときのことです。この方は、神戸女学院英文科（現神戸女学院大学文学部英文科）の卒業生でしたが、卒業以来主婦一筋で、英語とは無関係の生活を送っていました。しかし六十七歳のとき、一念発起して英語を勉強し直し、出演当時、手作りの教材で小学四年から中学三年までの子どもたちを教えている、現役の英語塾の先生でした。

凜《りん》として頭の回転の早い会話にも驚かされましたが、何か英語の歌をとお願いしたときに“Twinkle, twinkle, little star…”と歌ってくださった発音の良さも忘れられません。この歌は、現在でも日本の幼稚園などでよく歌われているマザーグースの一つ、「きらきら星」（二四〜二五ページ参照）です。そして、何十年ものブランクがあるうえに、この年代の方で、大学から英語の勉強をはじめたにしてはあまりにも発音がきれいなので、不思議に思いました。そこで、いつこの歌を覚えたのかお聞きすると、幼稚園の時にアメリカ人の園長先生から、この歌やその他の英語の歌をたくさん教えてもらったとの答えを聞き、得心したのでした。

当時は、この方の素晴らしさのインパクトが強く、それ以外のことは覚えていませんでしたが、我が家に保存してあった当時のビデオテープを見直したところ、「アメリカからいらしたミス・ハウが、はじめて神戸で幼稚園を開いたときのはじめての生徒で、三歳からその幼稚園に通っていました」とのコメントが記録されていました。つまり吉田さんは、明治二十一年（一八八八）から二十五年ごろの間にこのマザーグースを教えてもらっていたことになります。

ミス・ハウとはA・L・ハウ（一八五二〜一九四三）のことで、明治二十年（一八八七）、三十五歳のときに宣教師としてアメリカから日本の神戸に派遣され、明治二十二年には保母養成を目的とした保母伝習所と頌栄《しょうえい》幼稚園を開園するなど、四〇年にわたりキリスト教伝道と日本の幼児教育に生涯を捧げた人です。ハウがアメリカの両親に宛てた手紙をまとめた『A・L・ハウ書簡集』（山中茂子訳、頌栄短期大学、一九九三年）からは、来日してすぐに幼稚園開設に向けての活動をはじめ、英語のクラスも開き、アメリカの幼稚園で自分が使っていた子どもの歌のなかから適当なものを選び、『幼稚園唱歌』出版のために翻訳化を試みはじめるなど、大変精力的に活動している様子がうかがわれます。

その書簡集の明治二十一年七月七日の日記には、「其枝《そのえ》さんと、その小さな友達の……」とあり、「其枝」という名前が出てきます。註によれば、幼児教育者杉浦信《のぶ》の長女とあります。杉浦信は当時二十五、六歳で、牧師の妻であり、二児の母親であり、ハウの日本語教師兼通訳としてハウを助けながら、頌栄保母伝習所の第一期生として学んだ人でした。年代的にも、年齢的にも、また状況からみても、ひょっとしたら筆者がお会いした方は、ここに登場する「其枝さん」ではないかと頌栄同窓会に問い合わせをしたところ、まさにご当人であることが確認でき、ご縁の不思議さを感じました。

つまりマザーグースは、明治二十年代には「マザーグース」との意識なしに、英語の歌として確実にこの日本に入ってきていることになります。

『幼稚園唱歌』

じつは、ハウが編纂《へんさん》した『幼稚園唱歌』（エ・エル・ハウ著、発行者 今村謙吉、一八九二年）こそ、現段階ではマザーグースと日本人のつながりが確認されている最初の文献となっています。

明治九年（一八七六）、東京女子師範学校（現お茶の水女子大学）に附属幼稚園が開設され、保育唱歌がつくられはじめましたが、これはドイツのフレーベル教育で使われていた歌の訳詩に、雅楽《ががく》調《ちょう》のメロディーが付けられたものでした。また、音楽取調掛《おんがくとりしらべがかり》によって編纂された『小学唱歌集』（文部省、一八八二年）、『幼稚園唱歌集』（文部省、一八八七年）も、西欧のメロディーが多く移入されてはいますが、このなかにはマザーグースの詩もメロディーも見当たりません。

しかし藤野紀男《ふじのとしお》氏の「『幼稚園唱歌』の中でマザーグースと断定されるのは　第五十きらきら　第五十一　我小猫を愛す　という二つの歌である」（『幼稚園唱歌』とマザーグース初訳」『英学史研究』第一九号、日本英学史学会、一九八六年）との記述、あるいは「新たに「雪ふりつめば When the Snow is on the Ground」「北風 The North Wind」もマザーグースであると確認できました。つまり、明治二十五年出版の『幼稚園唱歌』には、四篇のマザーグースが日本語に訳されている」（鷲津名都江著「日本におけるマザーグースの夜明け」『学鐙』第九七巻第六号、丸善、二〇〇〇年）と拙論で述べたように、『幼稚園唱歌』には、日本の出版物ではじめてマザーグースと確認できるものが登場しているのです。

マザーグースの初訳者

ですから現在のところ、この『幼稚園唱歌』に掲載されている四篇の訳詞者が、本邦初のマザーグース訳を試みた人物といえますが、いったい誰なのでしょうか。

この本の「第五十　きらきら」は、一八〇六年にイギリスの詩人ジェーン・テイラー（一七八三〜一八二四）が、姉と二人の詩集のなかで“The Star”と題して発表した詩です。マザーグースには珍しく作者・制作年のはっきりしているもので、最もよく知られている英語四行詩の一つともいわれるほど子どもから大人にまで好まれて、伝承の性格を帯びる

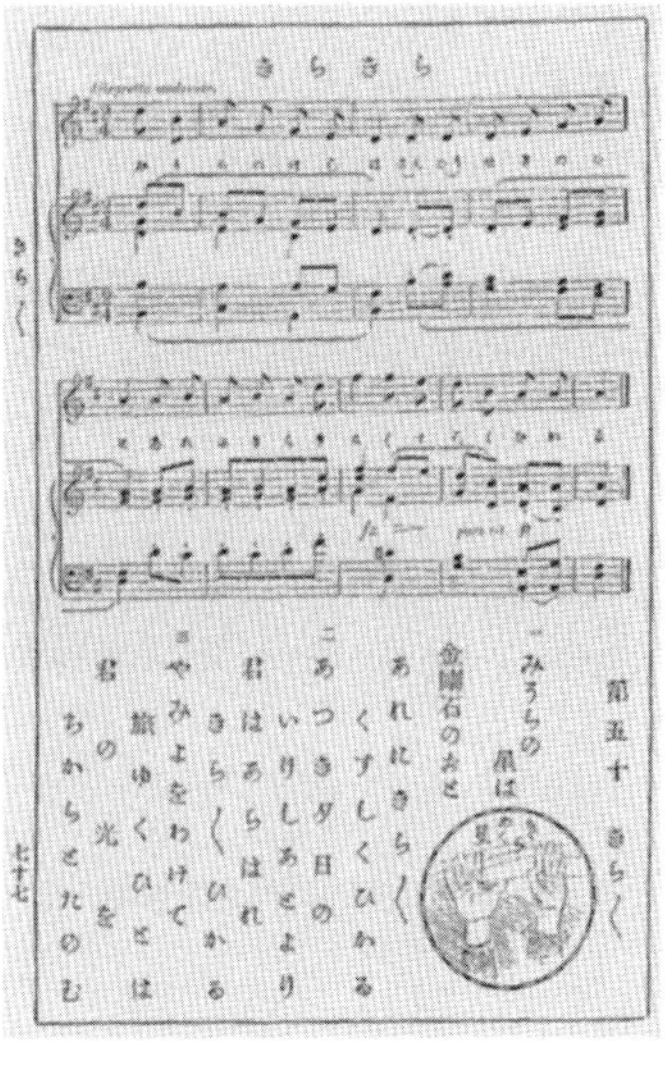

上　エ、エル、ハウ著『幼稚園唱歌』（表紙）（復刻版：大空社）
下　同上，p.77「第五十　きらきら」

ようになり、マザーグースに入ってしまいました。日本でも幼稚園などで手をキラキラさせながら、「きらきらひかる　おそらのほしよ……」と子どもたちがうたっている様子をよく見かけます。日本では、特に一番の歌詞が知られていますが、五連までの原詩に準じて、『幼稚園唱歌』では次のような三番までの歌になっています。

一　みそらの星は　　Twinkle, twinkle, little star,
　　金剛石のごと　　How I wonder what you are!
　あれにきらきら　　Up above the world so high,
　　くすしくひかる　　Like a diamond in the sky.

二　あつき夕日の　　When the blazing sun is gone,
　　いりしあとより　　When he nothing shines upon,
　君はあらはれ　　Then you show your little light,
　　きらきらひかる　　Twinkle, twinkle, all the night.

三　やみよをわけて
　　旅ゆくひとは
　君の光を
　　ちからとたのむ

Then the traveller in the dark,
　Thanks you for your tiny spark,
He could not see which way to go,
　If you did not twinkle so.

（英詩拙註）

英語の歌を曲にのるように訳す場合に、音節数の多い日本語では、当然、内容を半分ほどに縮めなければなりません。この訳も、「我小猫を愛す」「雪ふりつめば」「北風」も、原詩よりも内容が半分に縮小されていますし、美文調の文語体なので時代の匂いがありますが、元の詩の雰囲気を壊さないように省略し、曲にのるように考えられていることから、かなり歌の翻訳を手がけた人の技量を感じさせる訳詩です。

じつはこの本には、頌栄短期大学図書館所蔵本と国立国会図書館所蔵本（手代木俊一著『明治期　讃美歌・聖歌集成』第四〇巻に収録、大空社、一九九八年）の二種類あることが分かりました。大和田建樹《おおわだたけき》・松山高吉《まつやまこうきち》校閲、エーエルハウ撰と書かれた表紙、内容、出版年月日はまったく同じですが、国会図書館所蔵本には索引と奥付の間に正誤表が二ページ加えられていることや、頌栄版奥付の「著譯者　エ、エル、ハウ」ならびに「版權所有」の印が、「著者　エ、エル、ハウ」「版権登録」となり、さらに頌栄版にはなかった今村の印が「発行者」の文字の右側に押されている点が異なっています（傍点筆者）。

頌栄版の奥付を額面どおりに受け取れば、訳したのはハウで、それを監修したのが大和田建樹と松山高吉の二人と解釈できます。しかし、来日してから三、四年の間に、メロディーに合い、適切な歌詞の翻訳ができるほどの日本語力がハウについていたとは考えられません。ですから、国会図書館所蔵本の方が後から出版された改訂版で、奥付の「著訳者」から「著者」への変更は、ハウが編者・撰者で、訳者は校閲者として名前が挙げられている大和田建樹・松山高吉のどちらか、あるいは二人が担当した、と考えるべきでしょう。

文学者・翻訳者としてもすぐれた仕事を残している大和田建樹（一八五七〜一九一〇）は、『小学唱歌集』の「故郷の空」（夕空晴れて　秋風吹き……）などの作詞者としてすでに有名でしたし、牧師であり聖書翻訳者であった松山高吉（一八四七〜一九三五）も、日本で最初の讃美歌集の編纂に参加した作詞家でもありました。

同じくハウの撰による『クリスマス唱歌』（一八九四年）、『幼稚園唱歌続編』（一八九六年）が福音社から続けて出版されましたが、残念ながらこの二冊にマザーグースは入っていません。ただこの二冊の「例言」には、唱歌の翻訳は作歌者として有名な大和田建樹氏の手になり、編集は大賀壽吉が担当したと、それぞれ明記されています。このことから、手代木俊一氏は『讃美歌・聖歌と日本の近代』（前掲書）のなかで、『幼稚園唱歌』も大和田建樹の翻訳である、と記しているのでしょう。

しかし、ハウがアメリカの両親に宛てた手紙をまとめた『A・L・ハウ書簡集』（前掲書）には、大和田の名前は一度も登場しません。ところが、「アメリカの幼稚園の歌の翻訳に取りかかったこと、まだお話していませんでしたね。松山氏が最後に訳の手直しをして下さることになっています……」（一八八八年十一月二十八日）、「訳自体に関しては松山氏にお願いしていますが（松山氏は大家で、彼を得たのは幸運です）……」（一八八九年一月四日）、「松山氏が訳して下さった数々の歌は、神の大いなる恵みです……」（一八八九年十二月）、「私の幼稚園の歌を翻訳して下さったのも松山氏なのです……」（一八九〇年二月十九日）（傍点筆者）などと、松山の名前が何度も出てくるのです。

この書簡集の内容からみると、『幼稚園唱歌』に関しては松山高吉訳詩・大和田建樹監修と考えるのが、いちばん自然のように思います。そうなれば、日本におけるマザーグースの初訳者は、松山高吉ということになるのではないでしょうか。[*1]

ハウが吉田さんに幼稚園で“Twinkle, Twinkle, Little Star”を教えたように、文献などには残っていなくとも、明治の初めごろから日本居住の外国人宣教師たちが、英語教育や幼児教育の現場でマザーグースを使っていた可能性は、非常に高いと思っています。

教育パパだった小泉八雲

その情況にきわめて近く、教育内容を知ることができるのが、ラフカディオ・ハーン、つまり小泉八雲《こいずみやくも》（一八五〇〜一九〇四）が、長男一雄におこなった英語教育です。

ギリシャ人の母とアイルランド人の父の間に生まれ、アイルランドで育ったハーンは、明治二十三年（一八九〇）に来日。日本人女性小泉節子と結婚して長男の一雄が生まれたことから、思い切って日本に帰化し、小泉八雲と名乗るようになります。つまり、八雲が日本人となり日本に永く留まることを決意させたのは、この長男を思う気持からでした。一雄が父との思い出を綴った「父「八雲」を憶う」（『小泉八雲』恒文社、一九九五年〈初版一九七六〉）を見ると、一雄が生まれてから八雲が亡くなるまでの一〇年一〇ヵ月の間、執筆活動や、東京大学あるいは早稲田大学で教鞭《きょうべん》を執《と》る傍《かたわ》ら、八雲がどれほど愛情深く一雄を養育してきたかが読み取れます。

八雲が一雄に、物の見方や考え方も含めて、いろいろな方面の教育を授けようと心砕いていた様子は、前掲書中の「私の授業」に詳しく書かれています。そのなかでも特に力を入れていたのが英語教育です。明治三十年（一八九七）、一雄が五歳の夏の終わりごろから、毎日午前中に約一時間の個人授業がはじまったと記されています。

長男一雄への英語教育

最初のうちは、「絵入沢山の教科書ではどうも私が絵に気を取られていかぬとて父は絵入本を一時排し、たっぷり墨汁を含ませた太筆で古新聞へ活字体および筆記体二様のアルファベットを二寸角大に記し、これを教科書代りに用いました」とあります。英字新聞『ジャパン・ガゼット』や『ジャパンタイムズ』に書かれたその教材は、約半年後には袋戸棚に溢れるほどの量になったそうで、松江の小泉八雲記念館に保存されています。その明治三十一年九月二日から翌年十月十二日までの古新聞に書かれた教材を、新聞の日付順に整理して出版されたのが、『小泉八雲父子練習帳』（八雲会、一九九一年）です。

練習帳のはじめの方には、アルファベットのつながりと発音との関係が分かるように、**BAB, DAB, CAB, FAB, GAB** とか **ANG, ENG, ING, ONG, UNG** など、単語というよりもライム（韻）の羅列《られつ》が数多く並んでおり、まず音の感覚を身につけさせようという意図が分かります。このようにライム（韻を踏むこと）の感覚が身についているからこそ、英語を母語とする人たちは、意識せずに、理屈ではなく、ナーサリーライムといわれるマザーグースの面白さを受けとめられるのです。

そして、明治三十二年八月二日付のページには、一月から十二月までの単語の後に、年・月・週や季節についての簡単な文があり、次の詩を暗記するようにと書かれています。

Thirty days have September,
April, June, and November,
All the rest have thirty-one…
February twenty-eight alone.

四月　六月　九月の月と
十一月は　三十日の月
残りは全部　三十一日の月
ただひとつ二月は　二十八日の月　（拙訳）

文中では単に“the poem”（詩）と表現されていますが、これも事柄を記憶するためのマザーグースの一つとして、非常によく知られているものです。

また最後のページに登場する詩も、英米人なら誰でも知っている、数字をうたい込んだマザーグースです。

1. 2.……Buckle my shoe.
3. 4.……Shut the door.
5. 6.……Pick up sticks.
7. 8.……Lay them straight.
9. 10.……A good fat hen.
11. 12.……Who will delve?
13. 14.……Maids a-courting.
15. 16.……Maids a-kissing.
17. 18.……Maids a-waiting.
19. 20.……My stomach's empty.

一《いち》、二《に》、　くつ　はこう
三《さん》、四《し》、　ドア　しめよう
五《ご》、六《ろく》、　棒　ひろおう
七《しち》、八《はち》、　まっすぐ　ならべよう
九《きゅう》、十《じゅう》、　太った　めんどり
十一《じゅういち》、十二《じゅうに》、　掘るのは　だあれ？
十三《じゅうさん》、十四《じゅうし》、　プロポーズする　メイドたち
十五《じゅうご》、十六《じゅうろく》、　キスする　メイドたち
十七《じゅうしち》、十八《じゅうはち》、　まちぼうけの　メイドたち
十九《じゅうく》、二十《にじゅう》、　おなかは　カラッポ

（拙訳）

こうした約一年間の授業を経てから、八雲はいろいろな英語の絵本や詩の本を教材として与えはじめましたが、そのなかに『ナーサリーライムの本』（*The Nursery Rhyme Book*）（A・ラング編、フレデリック・ウァーン社、ロンドン、一八九七年）というマザーグースの

本もありました。この本は、一雄の本棚に大事に秘蔵されることになる書物のなかの一冊です。

このような英語の本を読むときには、八雲はまず音読させ、誤った発音をすると何度でも言い直させたそうです。そして、音読が終わると和訳させるのですが、常にぴったりあてはまる訳を考えさせる様子が、次のように書かれています。

或る日、授業中にknavesなる語が出て来ました。これも容易《たやす》い *The Nursery Rhyme Book* の次の一流行小歌（Jingle）中にあったのです。

Rub a dub dub,
Three men in a tub:
And who do you think they be?
The butcher, the baker,
The candlestick-maker;
Turn'em out, knaves all three!

ラバ　ダブ　ダブ
男が三人　オケの中
奴等はいったい　何者か？
肉屋に　パン屋に
燭台職人
奴等三人　放り出せ！

（拙訳）

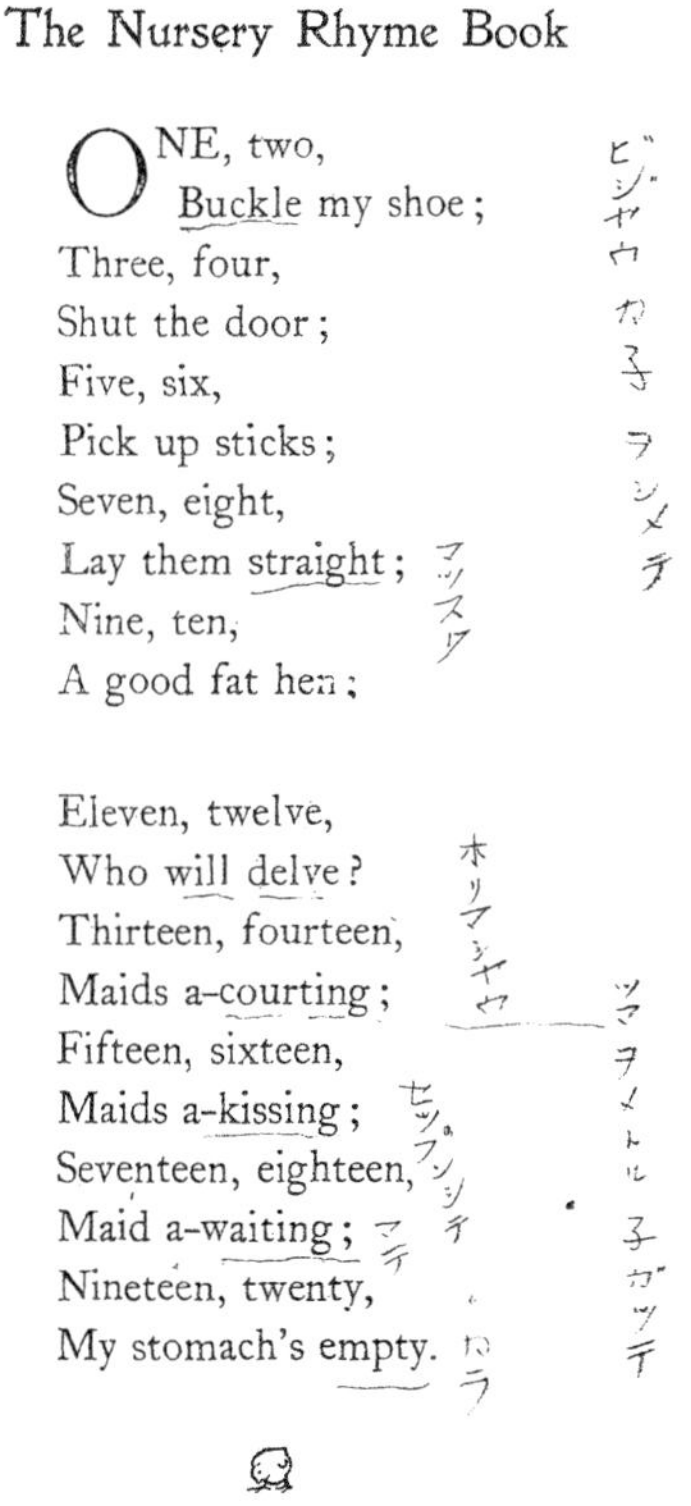
The Nursery Rhyme Book

ONE, two,
Buckle my shoe;
Three, four,
Shut the door;
Five, six,
Pick up sticks;
Seven, eight,
Lay them straight;
Nine, ten,
A good fat hen;

Eleven, twelve,
Who will delve?
Thirteen, fourteen,
Maids a-courting;
Fifteen, sixteen,
Maids a-kissing;
Seventeen, eighteen,
Maid a-waiting;
Nineteen, twenty,
My stomach's empty.

右　A.ラング編『ナーサリーライムの本』(表紙)(フレデリック・ウァーン社，小泉時氏所蔵)

左　同上，p.52（英詩については本書p.31参照．小泉八雲直筆による訳の書き込みが見られる）

このknavesを父が字引で見ますと、童子、僕、不正直ナル人などとありました。これでは父の気に入りません。また他の辞典を見ましたら、悪漢、兵士の姿のカルタとありました。「駄目の字引！」父は字典を抛《ほう》り出して私に「正直ないの懶者《らんしゃ》（なまけ者〈註筆者〉）の下品の人をあなた何といいますか？」と尋ねました。「意地悪でしょう」と申しますと「否《ノー》」。「じゃア馬鹿野郎ですか？」「否《ノー》、是《こう》フールです」。「じゃア横着者？」「イエース、是《こう》間違いないです。しかし、横着だけないです」「じゃア篦《べら》棒奴《ぼうめ》！」私は思わずこう口を辷《すべ》らすや、父は磆《はた》と膝《ひざ》を拍《う》って「Very good! Just so! 篦棒奴です」私は恥ずかしいような、可笑《おか》しいような、得意のような妙な気がしました。

詩人でもある八雲の面目躍如《めんもくやくじょ》といったところです。

この八雲父子の授業風景は、イギリスの家庭でよく見かけた光景を筆者に思い出させました。親子でマザーグースを口ずさんで楽しみながら、幼い子は発音を覚えたり、意味を理解したり……。一雄愛用の『ナーサリーライムの本』には、八雲直筆の鉛筆書きで、カタカナや英語で随所にスペリングの訂正や適切な訳語、註が見られます。

一雄の長男である小泉時《とき》（一九二五〜）氏は、「索引に印がついているものは、全部やったと父が言っておりました。また、英語の勉強のためだけでなく、蛙を見れば、祖父は父に蛙の生態を話したり、蛙のマザーグースを聞かせるなど、生活の中のあちこちでマザーグースが祖父の口から出ていたようですし、私も父からマザーグースを聞かされて育ちました。そして私も同じように、子どもや孫にマザーグースを教えました」と、『ナーサリーライムの本』を手にしながら話してくださいました。

たしかに、総数三三三篇の索引のほとんどに短い横線の印がつけられており、この本を八雲父子がいかに愛読したかが偲《しの》ばれました。マザーグースの本はこのほかにも三〜四冊はあったそうです。

明治時代の日本でも、イギリスと同じような英語の勉強方法が実行されていたり、その後いくつも大きな戦争を経てきた日本で、イギリスの家庭のように、小泉家では代々マザーグースが伝承されてきていることには、なんだか不思議な気もします。

英語子守歌訳の傑作

「私の授業」のマザーグースに関する記述のなかで出色なのは、お手伝いさんのおろくさんが歌ったという子守歌です。彼女は、八雲から教えられた英語の子守歌を一雄が歌っているのをそばで聞いているうちに、その聞こえてくる音から、いつしか語呂《ごろ》の似たでたらめな日本語の文句を当てはめて、

ババ、べべ、半纏《はんてん》、
伊達巻《だてまき》や半平《はんぺん》
黄楊櫛《つげぐし》や平気
面《つら》パンと打《ぶ》っちまえ。

と、得意気に歌うようになったというのです。小泉家ではこれが大流行して八雲の知るところとなり、この傑作を歌うことは禁止されましたが、英語の音やリズムをいかにうまく日本語に置き換えているか、元のマザーグースの子守歌を声に出して読むと分かります。

Bye, baby bunting,
Daddy's gone a hunting,
To get a little hare's skin
To wrap a baby bunting in.

ねん　ねん　ころり
とうさん　おでかけ
ウサギを　狩りに
毛皮で赤ちゃん　くるむため

（拙訳）

原詩と同じように、「バイ　ベビー」は「ババ、ベベ」と〔b〕の音で頭韻《とういん》を踏み、「バンティング、ハンティング」の押韻《おういん》は、これまた「はんてん、はんぺん」と押韻させています。そしてなんといっても最高なのは、「トゥ　ゲット」を「つげ」に、「トゥ　ラップ　ア」を「つらパン」に置き換えていることです。

八雲はこの傑作に眉《まゆ》をひそめましたが、筆者はおろくさんの耳の良さに感心すると同時に、マザーグースの最大特徴の一つである「音とリズムを優先するためにおこるナンセンスさ、奇想天外さ」を、マザーグースの何たるかをまったく知らないはずのおろくさんが見事にやってのけたことに対して、最大限の賛辞を贈りたい気持です。

＊1　慶応三年に福沢諭吉が米国から持ち帰り、慶應義塾の英語教科書として採用以来広まった『ウィルソン第二リーダー』(The Second Reader of the School & Family Series.)(M・ウィルソン編、ハーパーズ＆ブラザーズ、ニューヨーク、一八六〇年)には、「キラキラ星」他二篇が所収され(川戸道昭「明治の『アリス』」『児童文学翻訳作品総覧　第1巻イギリス編』大空社・ナダ出版センター、二〇〇五年)、その参考書中に該当三篇の初訳(村井元道訳『ウイルソン氏第二リイドル直訳』三浦源助、明治一五年四月御届)の存在が確認された(鷲津名都江「マザーグースと日本―幕末〜第一次マザーグース・ブームを中心として―」『図説　児童文学翻訳大事典　第4巻【翻訳児童文学研究】』大空社、二〇〇七年)。

明治時代の文学者とマザーグース

文学者のイギリス留学

明治政府は欧米文化を摂取するために、多くの外国人を日本に招くと同時に、各分野の優秀な青年たちを奨学生として欧米諸国に送り込んでいます。また、進取の気概をもって、個人ベースで欧米各国へ出かけた人もいます。政府からの給費生としてイギリスに留学した夏目漱石、ドイツ留学の森鷗外、アメリカ・フランスへ遊学した永井荷風など、欧米文化に直接触れている明治の文豪たちがかなりいますから、彼らとマザーグースの接点はあったはずですが、文献からはほとんどマザーグースに関する記述や接点は見当たりません。

これは、英米人と日本人との間に「マザーグース」という言葉に対する認識の差があることも、原因の一つではないかと思われます。最初の章でも述べたように、英語圏では日本でいうところのマザーグースは、一般的にナーサリーライムとして知られており、現在でも人によってはアメリカ人も、もちろんイギリス人の大多数も、「マザーグース」＝「伝承童謡」という意識がほとんどありません。「マザーグースとは、英米伝承童謡を意味する言葉である」と理解しているのは、じつは日本人にいちばん多いのではないかと思うほどです。

さきに引用した『小泉八雲父子練習帳』の文中では、マザーグースの詩を単に“the poem”（詩）と表現していたように、英米人は日本人の考えるマザーグースであっても、〝物語〟・〝ことわざ〟・〝子どもの遊び〟・〝ナンセンス〟・〝詩〟・〝歌〟といろいろな言い方で表現するので、よほどマザーグースに関心をもっている人でないと、その〝物語〟や〝ことわざ〟などがマザーグースなのかマザーグースではないのかに気がつきませんし、たとえマザーグースであったとしても、相手はそれがマザーグースの一つであると説明することはまずありません。

当時、ナーサリーライムあるいはマザーグースに関して、特別な関心をもって留学した人や留学先で興味をもった人は、残念ながら今のところ見つかっていません。しかし、本人の知らないうちに、マザーグースとの触れ合いがみられる留学記があります。

ロンドンの漱石

熊本の第五高等学校英語教授であった満三十三歳の夏目漱石（一八六七～一九一六）は、明治三十三年（一九〇〇）九月に文部省の給費留学生として日本を発ち、十月二十八日にロンドンに到着しています。「ロンドン留学日記」（平岡敏夫編『漱石日記』岩波文庫、一九九〇年）を見ると、一行だけの日もあるような覚え書き程度の日記ですが、漱石のロンドンでの足跡が辿《たど》れます。

その日記の明治三十四年三月十日分には、

晩にブレットから

Red sky at night　　夕焼け空は
Is the shepherd's delight.　　羊飼いの喜び
Red sky in the morning　　朝焼け空は
Is the shepherd's warning.　　羊飼いの憂い
（拙訳）

Morning red and evening gray　　朝焼け空と　夕曇り
Send the traveller on his way.　　旅の予定は　順調に

Morning gray and evening red　　夕焼け空と　朝曇り
Send the rain on his head.　　雨降りかかるよ　旅人に　（拙訳）

ということを習う。

とあります。

ブレットとは、このとき漱石が滞在していた下宿先の主人ですが、これは前半四行、後半四行、それぞれ別の天候占いのマザーグースです。北原白秋は前半の詩を訳していますが、後半の詩と非常に似通った “Evening red and morning gray:/ It is the sign of a bonnie day;/ Evening gray and morning red:/ The lamb and the ewe go wet to bed” も、「朝のかすみと夕焼け空は、／日和《ひより》よいとの前しらせ。／くもる日ぐれと朝焼け空は、／お寝《よ》るひつじをみなぬらす。」と『まざあ・ぐうす』（八一～九三ページ参照）に載せています。羊や羊飼いが登場して、どちらもイギリスらしい押韻詩《おういんし》となっています。

白秋の訳した詩からも分かるように、朝焼けはこれから崩れていく予兆ですし、夕焼けなら次の日は晴との予兆ということですから、漱石が記した後半の詩は、なぜかmorningとeveningが入れ替わってしまっています。この詩もわりによく知られているマザーグースなので、イギリス人のブレット氏が間違って教えるとは考え難く、漱石がどこかで勘違いをしたのでしょうか。日記にはそれだけしか書かれていませんので、なんとも判断できません。いずれにしても漱石は、この詩をイギリスの天候に関する言い伝えと思って書き記したのでしょうが、明らかにマザーグースとの接触を示す一文になっているのです。

マザーグースのパントマイム

漱石の留学日記には、明治三十四年（一九〇一）一月十一日と同年三月七日分に、パントマイムに行ったとの記述もあります。

イギリスのパントマイムとは、主にクリスマスシーズンに上演されるお伽劇《とぎげき》のことで、ミュージカルやバレエの場合もあり、日本人がすぐに連想するような無言劇ではまったくありません。男性が主役級の女性を演じることが決まりとなっている伝統的な道化劇で、子どもも大人と一緒に楽しんで見る舞台です。

漱石が見たパントマイムのひとつは「眠れる森の美女」で、「その仕掛の大、装飾の美、舞台道具立ての変幻窮《きわ》まりなくして往来に遑《いとま》なき役者の数多くして服装の美なる、実に筆紙に尽くし難し。誠に天井の有様、極楽の模様、もしくは描ける竜宮を十倍ばかりに立派にしたるが如し……」と、大絶賛しています。

そしてその二ヵ月ほど前のこと、パントマイムをはじめて見たときの日記には「昨夜Kennington のPantomimeを見に行く。滑稽《こっけい》は日本の円遊〈編者註─三遊亭円遊〈嘉永二年～明治四十年〉、落語家〉に似たる所あり。面白し。奇麗なることWest End theatresに譲らず。しかもbest seatにて頗《すこぶ》る廉価《れんか》なり」と記されています。演目名が書かれていないのでなんともいえませんが、ひょっとしたら漱石が見たのは“Mother Goose”の可能性もあるのです。

パントマイム“Mother Goose”の源《みなもと》は、一八〇六年に上演されて人気を博したパントマイム「ハーレクインとマザーグース、または金の卵」（“Harlequin and Mother Goose; or the Golden Egg”）で、現在でも毎年シーズンにはその話をもとにしたいろいろな“Mother Goose”が、パントマイムの常連として名を連ねています。筆者も三年半のロンドン滞在中に、この話をもとにした三種類の“Mother Goose”のパントマイムをあちこちで見ましたし、つい一年前にもケンブリッジで、ケンブリッジ芸術劇場が発行しているクリスマスシーズンのパントマイム“Mother Goose”予約受付のチラシを見たばかりです。

元になっている「ハーレクインとマザーグース、または金の卵」の話は、雄ガチョウの背中に乗って空をお散歩するのが好きなマザーグースおばさん（この場合のMotherは、年上の女性に親愛の意を込めて呼ぶときに使う、日本語の〝〜おばさん〟にあたる）が主人公です。このおばさんには平々凡々の独り息子がいて、その息子が買ってきた雌のガチョウが金の卵を産んだために、息子はだまされたり、雌ガチョウを盗まれたり、それをマザーグースが助けに行って……と、いろいろ騒動が起きる展開になっています。

このパントマイムによって、単におしゃべり好きのおばさんという伝承的なマザーグースのイメージに、魔女の要素が加味され、ガチョウの背中にまたがって空を飛んでいく不思議な老女〝マザーグース〟がはじめて登場したわけですが、この劇を韻文化したのが、

Old Mother Goose,
When she wanted to wander,
Would ride through the air
On a very fine gander.

マザーグースおばさんは
ブラブラお散歩したくなりゃ
すてきなガチョウの背に乗って
お空をスイスイ飛んでいく

（拙訳）

ではじまる物語詩です。この物語詩は、チャップブック（当時行商人が売り歩いた、値段の安い呼び売り本）の一つとして出回り、マザーグースの仲間入りをしました。

以来、マザーグース絵本や詩集には、北原白秋が『まざあ・ぐうす』の一番はじめに紹介しているような長い物語詩として載せているものもあれば、一連だけ、あるいは一連プラス「マザーグースが雌ガチョウに乗って月を目指して飛んでいく」という最終連のみを載せているものも多く出版されています。

そこで一般的にイギリスの人たちは、"Mother Goose" といえば伝承童謡あるいは伝承童詩を指すのではなく、この物語のこと、あるいはこの物語の主人公のこと、または伝承童謡絵本のことを頭に浮かべるのです。

島村抱月とマザーグース

漱石と入れ替わるように、明治三十五年（一九〇二）五月から二年間、東京専門学校（現早稲田大学）海外留学生としてイギリスに滞在したのが島村抱月《しまむらほうげつ》（一八七一〜一九一八）です。抱月はオックスフォード大学で文学・美学・哲学などを広く学ぶ傍《かたわ》ら、「抱月の欧州留学の目的は、狭い文芸のある一分野を究めるということではなく、広くヨーロッパ文芸の背景を学んでくることであった」（川副國基著「島村抱月研究」『明治文学全集四三　島村抱月　長谷川天渓　片上天弦　相馬御風集』筑摩書房、一九六七年）とあるように、しばしばロンドンにも足を伸ばし、両地で精力的に芝居、オペラ、コンサート、美術館などに通った様子が「渡英滞英日記」（島村抱月著、前掲『明治文学全集四三』所収）に記されています。

そして、漱石が見たパントマイムの一つが“Mother Goose”であったかどうかは知る由もありませんが、平野敬一氏の「日記という形ではあるが、Mother Gooseという表現を日本人が使った、これが最初の例になるのではないかと思われる」（『白秋、夢二、善麿、漱石、抱月――キラ星のように輝くマザーグースの水先案内人』『マザーグース Part (2)』日本放送出版協会、一九九二年）の言葉どおり、抱月の明治三十六年三月十六日の「日記」には、「夜Drury Lane Theatreニ Dan Lenoノ Pantomimeナル Mother Gooseヲ見ニ行ク　時間ヲ間違ヘテ初ノ二場程見遁《みのが》ス　舞台ノ粧飾目ヲ驚カス」と、はっきり“Mother Goose”という言葉が記されているのです。

もちろん抱月がここで言う“Mother Goose”は、前項で述べたように、伝承童謡・ナーサリーライムを意味する〝マザーグース〟ではなく、ダン・レノという人の脚色による「マザーグースと金の卵の話」を指しています。つまりここには、日本で今日いうところのマザーグースの断片を見ることができるというわけです。

抱月の日記からは、このほかにマザーグースに関する記述を見つけることはできませんでしたが、「赤ずきんちゃん」や「長靴をはいたネコ」など児童文学作品のパントマイムを見たり、アンデルセン物語集の古書を手に入れたり、イギリス人の研究者に『少年文学読本』『少年世界文学』など日本の児童文学書を贈っていることからも、抱月は漱石とは違って児童文学にも関心があったことがうかがえますから、イギリスで購入した本のなかには、ナーサリーライムの本も数冊含まれていたのではないかと推察できます。

島村抱月とその子弟

その後さらにドイツに一年間留学した抱月は、明治三十八年（一九〇五）に帰国後、早稲田大学の英文学科の講師となり、『東京日日新聞』（現『毎日新聞』）の月曜文壇を主宰するなど、日本に新たな息吹をとの期待を受けて、各方面での活躍がはじまります。マザーグース翻訳にかかわった多くの文学者たちが、帰朝後の抱月となんらかのかかわりをもっているのは、単なる偶然といいきれるでしょうか。

明治四十三年（一九一〇）に、マザーグース訳と見られる詩を発表している竹久夢二《たけひさゆめじ》（五五～六九ページ参照）は、抱月帰朝の明治三十八年当時、早稲田実業学校の専科を中退して、絵や文、編集など、各分野で少し名前が挙がるようになってきたところでした。

抱月は若き竹久夢二の才能を見抜き、刷新した『東京日日新聞』の月曜文壇に場を与えています。さらに翌年、抱月は『少年文庫』を企画し、この雑誌は壱の巻だけで途絶えてしまいますが、編集を教え子の小川未明《おがわみめい》に、竹久夢二にはこの本の表紙・装丁・口絵などの絵全般を担当させていますし、夢二は絵のほかに数編の文章や詩も載せています。

また、抱月主宰の劇団「芸術座」の第九回公演として、明治座でトルストイ原作「生ける屍《しかばね》」を上演したときに、大ヒットした劇中歌「さすらひの唄」（行かうか戻らうかオーロラの下を……）や「今度生まれたら」「憎いあん畜生」などを作詞したのは、早稲田大学予科中退で、大正十年（一九二一）に『まざあ・ぐうす』を出版した北原白秋（八〇〜九五ページ参照）です。

大正十三年出版の『新訳　世界童謡集』を共編し、それぞれマザーグースも訳出している西条八十《さいじょうやそ》（九五〜九九ページ参照）と水谷まさる（九九・一〇〇ページ参照）の両者も、大正十四年に『マザアグウス子供の唄』で二四八篇も訳している松原至大《まつばらみちとも》（一〇〇〜一〇四ページ参照）も、ともに早稲田大学英文科卒です。

特に西条八十に関しては、『日本童謡史Ｉ』（藤田圭雄《ふじたたまお》著、あかね書房、一九八四年）に坪田譲治《つぼたじょうじ》による「西条さんのこと」の抜粋として、「私たちは、大正四年に早大を出たように記憶しております。同勢十五人です。少し少なすぎるようですが、この同勢は純文科と云うのを卒業したのです。みんなは実は、入学の時は英文科に入ったのですが、その時の科長島村滝太郎先生が、大変もの解りがよくて、この連中、卒業しても、とても中学の英語の先生などに成れっこないと見込まれたように思います。それで、一年の終わり頃か、二年の初めかに、純文科と云うのを作られました。（中略）それで純文学を専心勉強すればいいことになりました。この科に、西条さんも、細田民樹、細田源吉、保高徳蔵、鷲尾雨工、田中純、そういう連中が入りました」とあります。島村滝太郎とは抱月の本名ですから、八十と抱月の間にも密接な関係があったのです。

平野敬一氏（前掲書）によれば、大正八年に『Otogiuta』を出版し、そのなかにマザーグースを五篇入れている土岐善麿《ときぜんまろ》（六九〜七八ページ参照）も早稲田大学英文科卒で、四年間抱月に師事したそうです。

大正期のマザーグース訳詩者と、早稲田大学、抱月、この三者の間には、まだはっきりとは目に見えてきませんが、何か強いつながりを感じます。イギリス生活の経験者にして児童文学への関心も高かった抱月が、持ち帰ったイギリスのナーサリーライム集や絵本を、学生に紹介したり、有能な詩人たちと、日本の子どものための新しい詩作について語り合ったときに、マザーグースを話題にした可能性は、大いに考えられるのではないでしょうか。

マザーグースと詩人たち

大正〜昭和初期

大胆な日本語試訳の登場

明治時代における西洋文化摂取の波は、日本の詩壇にも大きな波となって押し寄せ、明治の後半から大正にかけて、すぐれた翻訳詩集が続々と登場しました。

西洋翻訳詩集・『赤い鳥』の影響

浪漫的な雰囲気を漂わせながら新しい詩の形を示した森鷗外《もりおうがい》（一八六二〜一九二二）らの訳詩集『於母影《おもかげ》』が明治二十二年（一八八九）に、フランス象徴派の詩を紹介した上田《うえだ》敏《びん》（一八七四〜一九一六）の『海潮音《かいちょうおん》』が明治三十八年（一九〇五）に、またフランス近代詩を独自の感覚と表現で翻訳した永井荷風《ながいかふう》（一八七九〜一九五九）の『珊瑚集《さんごしゅう》』が大正二年（一九一三）に出版されるなど、次々と新しい詩の形が打ち出されていきました。

このような西欧の新しい詩の流入は、もちろん児童詩の分野にも影響を与え、詩人たちは西洋の子どもの詩の翻訳にも力を入れることになりました。その流れの一つとして、マザーグースが取り上げられていくことにもなります。

また大正七年（一九一八）七月、小説家であり童話作家の鈴木三重吉《みえきち》（一八八二〜一九三六）が雑誌『赤い鳥』を発刊し、児童中心の芸術運動を展開しました。前章で述べたように、明治初期に西洋音楽を定着させるために文部省唱歌がつくられましたが、その文部省唱歌の歌詞は文語体の美文調で、子どもの理解力からも興味からもはるかにかけ離れたものでしたし、その反動としてつくられた明治後期から大正にかけての言文一致唱歌の試みは、当時としては画期的なものではありましたが、子どもの能力を未熟なものとして低くみる傾向にあり、平板で、お世辞にも芸術の香りのするものではなかったからです。

鈴木三重吉は、文部省唱歌など、それまでの子どもの歌を非常に低級なものとこきおろしました。そして、芸術的にすぐれた創作の童話と童謡を日本の子どもたちの手にとの彼の意気込みは、『赤い鳥』創刊号以来巻頭に掲げられているモットーのなかに読みとれます。

第三巻第三号（一九一九年九月号）の巻頭「「赤い鳥」の標榜語《モットー》」には、「ただ独り「赤い鳥」は、現在世間に流行してゐる俗悪な子どもらの読み物と貧弱低劣なる子どもの謡と音楽とを排除して、彼らの真純な感情を保全開発するために、現代第一流の作家、詩人、作曲家の誠実なる努力を集め、兼て子どものための真価ある若き創作家、音楽家の出現を迎へる、最初の一大区画的運動を導いてゐる。（中略）「赤い鳥」の運動に賛同せる詩人、作家は、泉鏡花、小山内《おさない》薫《かおる》、（中略）芥川龍之介、北原白秋、島崎藤村、森林太郎、森田草平、鈴木三重吉、小川未明、谷崎潤一郎、久米正雄、（中略）西条八十（中略）現代の名作家の全部を網羅してゐる」（傍点筆者）とあり、マザーグースの初期翻訳紹介者の上に、『赤い鳥』の影も濃く感じられるのです。

　このような流れのなかで日本における初期のマザーグース受容が活発化していき、しかも、西洋詩の新しさを吸収しよう、芸術的な児童文化を築こうとしていた、当代一流の詩人たちの手により訳業がおこなわれていったことは、マザーグースにとっても、日本の子どもたちにとっても、児童文学の観点からも、大変幸せなことだったのではないでしょうか。

英国伝承童謡集がマザーグースと銘打って日本に紹介されたのは、大正十年（一九二一）の北原白秋訳『まざあ・ぐうす』（八一〜九三ページ参照）まで待たなくてはなりません。しかし、長い間マザーグース訳とは気づかれませんでしたが、竹久夢二（一八八四〜一九三四）が自分の画文集のなかで、いくつものマザーグースを初訳していることが分かってきています。

夢二のマザーグース訳

英文学者のアン・ヘリング女史は「英語圏のわらべ唄(2)〝英語わらべうたと竹久夢二〟」（『あんさんぶる』一二巻七号、音楽之友社、一九七二年）のなかで、「私がこれまで調べたかぎりでも、わらべ唄の最も古い翻訳は、一般に詩人として知られている人によるものではなく、全く、思いがけないことに、大正時代の面影を濃厚に伝える画家、竹久夢二その人によるものである。その翻訳は、大正八年七月に発表されたものであるが、それも絶対的に「一番古い」とは断定できないのは、もちろんのことである。（中略）竹久夢二という人は、絵画や挿し絵だけでなく、文学の分野にも興味を持ち、素人詩人として、いくつかの童謡集や小唄集をじぶんの挿絵付きで出版している（その例として「凧《たこ》」、「春」、日本童唄集の「あやとりかけとり」があげられる）。その童謡集の一つである「歌時計《うたひどけい》」は、大正八年七月に、当時の超一流出版社であった春陽堂から出版された。（中略）少なくとも五編にのぼる英語伝承わらべ唄の翻訳が、この本に収められているのは、私たちにとって、まことに興味深い」と述べています。

また夢二研究家の間では、かなり以前からマザーグースとの関連についての研究がすすめられていたようで、昭和六十年（一九八五）の『初版本復刻　竹久夢二全集　解題』（ほるぷ出版）には、それまでの夢二研究の成果をふまえた復刻版各冊の解説が「夢二会の文献派」と称されている長田幹雄氏によって記されており、『絵物語　小供の国』（洛陽堂、一九一〇年）では「ひとつ石」が、『絵ものがたり　京人形』（洛陽堂、一九一一年）では「駒鳥」「誰も知らぬ事」「鬘《かつら》の毛」「おしのび」の四篇がマザーグースであること、その後の『どんたく』（実業之日本社、一九一三年）や『歌時計』（春陽堂、一九一九年）ではそれを訳し直したり題をかえて載せていることなど、かなり広範囲にわたってマザーグースが点在していることが示されています。

特に興味深いのは、明治四十三年（一九一〇）十一月、当時二十七歳の夢二は『さよなら』を出版し、冒頭の物語「少年と春」のなかで母親が少年に読み聞かせる話としてマザーグース「誰《た》そ、駒鳥《こまどり》を殺せしは？」を使い、また詩篇の一つとして「ロンドンへ」と題するマザーグース訳も載せていると指摘していることです。

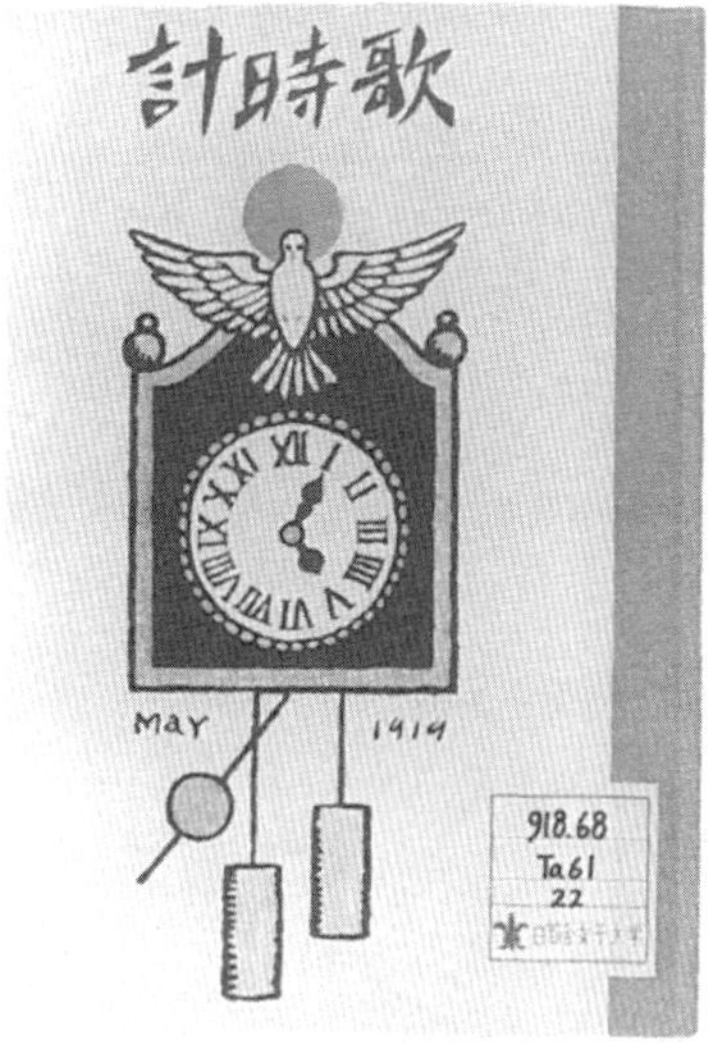

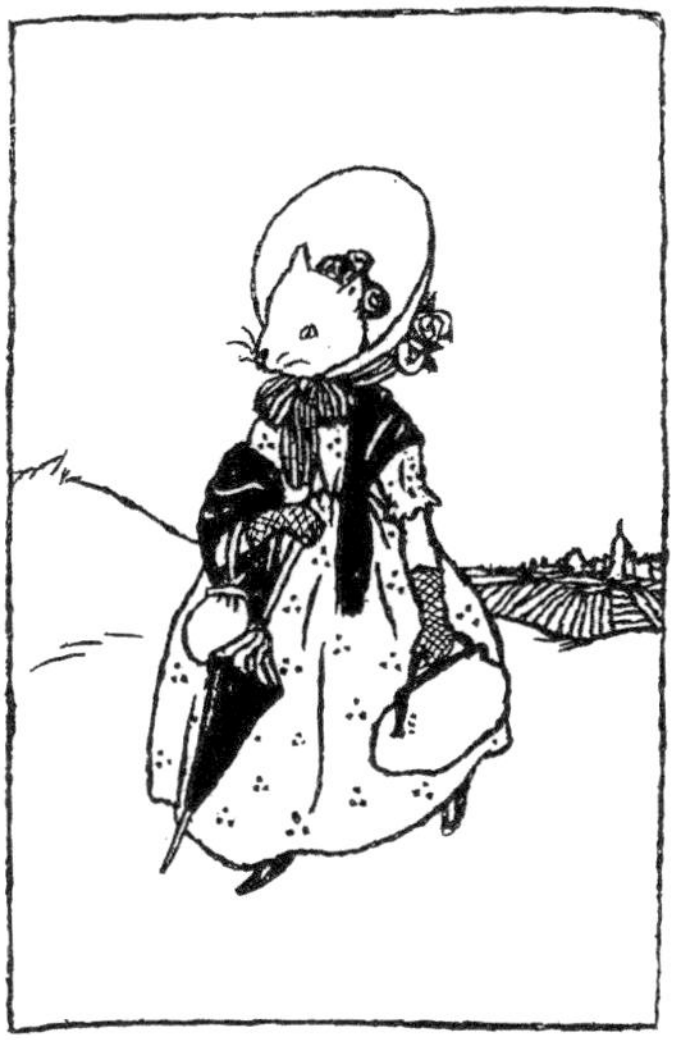

上　竹久夢二著『歌時計』
（表紙）（春陽堂）
下　同上，p.91「猫のクロさん」の挿絵（本書 p.62参照）

「誰そ、駒鳥を殺せしは？」

この二篇はもちろん本邦初訳で、「誰そ、駒鳥を殺せしは？」の原詩"Who Killed Cock Robin?"は、ミステリーなどにもよく引用されるマザーグースの物語詩です。その一連が、「少年と春　Ⅰ」（『さよなら』洛陽堂、一九一〇年、〈初版本復刻　前掲書〉）の、次のような場面で登場しています。

あなたの膝《ひざ》の上《うへ》には絵本《ゑほん》がおかれ、悲《かな》しい悲《かな》しい話《はなし》のところが開《ひら》かれてあつた。それを母様《かあさま》は読《よ》んで下《くだ》さる。それはもう前《まへ》に百遍《ひやつぺん》も読《よ》んで下《くだ》すつた物語《ストーリー》だつた――その時《とき》の母様《かあさま》の顔色《かほいろ》は沈《しづ》んで、声《こゑ》は低《ひく》く悲《かな》しかつた。あなたは呼吸《いき》をころして一心《いつしん》に聴《き》き入《い》るのでした。

『誰《た》そ、駒鳥《こまどり》を殺《ころ》せしは？』　Who killed Cock Robin?
雀《すずめ》はいひぬ、『我《われ》こそ！』と、　I, said the Sparrow,
『わがこの弓《ゆみ》と矢《や》とをもて、　With my bow and arrow,
我《わ》れ駒鳥《こまどり》を殺《ころ》しけり』　I killed Cock Robin.
（英詩拙註）

これがあなたの虐殺者《ぎやくさつしや》といふものを聞《き》き知《し》つた最初《さいしよ》であつた。
あなたはこの恐《おそ》ろしい光景《ありさま》を残《のこ》りなく胸《むね》に描《ゑが》き得《え》た――この憎《にく》むべき矢《や》に射貫《いぬ》かれ

た美《うつく》しい暖《あたゝ》かい紅《くれなゐ》の胸《むね》を！　この刺客《しかく》の手《て》に殪《たほ》れた憐《あは》れな柔《やわ》らかい小鳥《ことり》の骸《なきがら》を!!

原詩はこの一連から始まり、ハエや魚、カブトムシ、鳥たちなど小動物が、それぞれ役割を担って駒鳥のお葬式をとりおこなう長い物語詩で、一四連の形が一般的ですが、もっと短かったり、長かったり、順番が違っていたりと、掲載される形はいろいろです。駒鳥が登場するマザーグースでは最も有名で、特にこの第一連の出だし「誰がコック・ロビン（駒鳥）を殺したか？」というフレーズは、英語圏では知らない人はまずありません。

この夢二訳は、七五調の文体も、用いている言葉も、大変古風に仕上げていますが、それは母親が少年に読み聞かせている本にそうあったという形で登場させているからでしょう。そして、どうしてこの詩を、しかも一連だけ登場させたのかは、詩の後に書かれている「これがあなたの虐殺者《ぎやくさつしや》といふものを聞《き》き知《し》つた最初《さいしよ》であつた」という言葉に込められているのではないでしょうか。そしてこの話のなかでの駒鳥は、「慈悲深《じひふか》い、死《し》の翼《つばさ》あるその矢《や》のために、駒鳥《こまどり》は正直《しやうじき》な鳥《とり》の常《つね》に行《ゆ》くべき処《ところ》へ行《い》つた。そして其処《そこ》で――ああ嬉《うれ》しい――彼《かれ》は、先《さき》へ行《い》つて居《ゐ》た自分《じぶん》の最愛《さいあい》の妻《つま》と子《こ》にそこで逢《あ》つたことでした」と、元のマザーグースとは違った物語としています。

劇作家の青江舜二郎氏（「竹久夢二（抄）　岡山キリスト教」『竹久夢二文学館　別巻　資料編』日本図書センター、一九九三年）は、夢二が少年時代からキリスト教的な色彩が濃いのは、故郷の岡山で幼いころから岡山キリスト教の清新なしぶきを受けていたためであろうと述べています。そして、神戸へ出てからの夢二はさらに強く、この新興都市のキリスト教伝道活動に刺激を受け、クリスチャンにこそならなかったが、どんな旅行でもそのトランクには必ず聖書を入れていて、すすんでそこから何かを吸収しようとしたことは確かであるとしています。

夢二はこの「少年と春」のなかで、教会やクリスマスという言葉を登場させたり、「誰そ、駒鳥を殺せしは？」を用いて、神の国との接点を想像させるようなストーリーを文中でつくりあげ、この駒鳥の死も含めて「神様《かみさま》はすべての事《こと》、すべての人《ひと》を視《み》ていらつしやつた」と書いています。

イギリスの駒鳥はレッドブレストとも呼ばれ、燃えるような胸の緋色が印象的です。そして胸が緋色なのは、十字架上のイエスにかぶせられた茨《いばら》の冠を哀れに思い、そのトゲをくちばしで抜いたときにキリストの返り血を浴びたからともいわれています。イギリスではクリスマスカードの絵柄やクリスマスケーキの飾り付けに駒鳥が使われているのをよく見ました。青江氏の言葉どおりならば、「マザーグース伝来」の章に述べたようなミッションとのかかわりを夢二の上にも見るわけで、マザーグースの翻訳というより、キリスト教に対する自分の思想を具現するために駒鳥を登場させ、このマザーグースの一節を借用したとも考えられます。

「ロンドンへ」

一方「ロンドンへ」は、独立した一篇の詩として、この「少年と春」の物語のすぐ後に載せられています。

『可愛《かあい》い猫《ねこ》よ、クロさんよ。
おまへは何処《どこ》へ往《い》つてきた？』

Pussy cat, pussy cat,
where have you been?

『野越《のこ》え山越《やまこ》えロンドンへ。
女王《にょわう》に逢《あ》ひに往《い》つてきた』

I've been to London
to look at the queen.

『可愛《かあい》い猫《ねこ》よ、クロさんよ。
おまへは其処《そこ》で何《なに》をした？』

Pussy cat, pussy cat,
what did you there?

『女王《によわう》の椅子《いす》に腰《こし》かけた。
すると下《した》からひよつこりと。
鼠《ねづみ》が出《で》たので驚《おどろ》いた』

I frightened a little mouse
under her chair.

（英詩拙註）

夢二の英語力がどの程度のものであったのかは分かりませんが、この訳詩最後の三行は、原詩と比べると分かるように、明らかに勘違いの誤訳です。この詩は、大正七年（一九一八）の『青い船』（実業之日本社、一九一八年〈初版本復刻、前掲書〉にも掲載していますが、かぎかっこを外してルビの振り方を女王《ぢよわう》と鼠《ねづみ》に変更しているのと、最後から二行目の読点を最後の行末に訂正した以外はまったく同じになっています。

しかし、大正八年の『歌時計《うたひどけい》』では、タイトルが「猫のクロさん」となり、

猫《ねこ》のクロさん。こんにちは！
お前《まへ》はどこえいつてきた？

花《はな》の都《みやこ》のロンドンへ
女王《ぢよわう》に会《あ》ひにいつてきた。

お前《まへ》はそこでなにをした？

女王《ぢよわう》の椅子《いす》の下《した》にゐる
鼠《ねづみ》を捕《と》りにいつてきた。

と、前半は先の訳より子どもと猫の会話の自然さが出ていますし、最後の二行も原詩に沿うように直されています。しかも、この訳もマザーグースとの断り書きはありませんが、十九世紀のマザーグース絵本を彷彿《ほうふつ》とさせるような、帽子をかぶってドレスを着、傘を手にもって歩いているネコちゃんの挿絵が添えられており、もしも英語圏の子どもが見たら、すぐに「プッシー　キャット　プッシー　キャット」と口ずさみそうなページになっています。

画家夢二を感じさせる訳

このほかにも夢二は、白秋の『まざあ・ぐうす』が出版される以前に、筆者が確認したところでは付表1（巻末）のように、『歌時計』までの画文集に二六篇ものマザーグース訳を手がけています。しかも夢二は、「ロンドンへ」と「猫のクロさん」、あるいは「欠伸《あくび》」と「無」のように、しばしば同じ原詩から何種類かの作品を生み出していますし、原詩から得たイメージをかなり膨らませたり、削ったり、いろいろな形に料理しています。たとえば、原詩も訳のタイトルも同じ「おしのび」は、新しい画文集に載せるごとに雰囲気の違う作品になっています。

『絵ものがたり　京人形』（洛陽堂、一九一一年〈初版本復刻、前掲書〉）では、

殿様《とのさま》が田舎《ゐなか》へいつたらば
大雨《おほあめ》にあつて
水溜《みづたまり》に落ちこんで
臍《へそ》まで埋《うま》つた。
それから殿様《とのさま》は
二度《にど》と田舎《ゐなか》へゆかなんだ。

Doctor Foster went to Gloucester
In a shower of rain;
He stepped in a puddle,
Right up to his middle,
And never went there again.

（英詩拙註）

と、ドクター・フォスターを日本的な殿様としてはいますが、自由な口調で、かなり原詩に近く訳されています。

それに対して『どんたく』（実業之日本社、一九一三年〈初版本復刻、前掲書〉）では、

昔《むかし》アゼンに王《わう》ありき。
野《の》にさく花《はな》のめでたさに
ひとり田舎《ゐなか》へゆきけるが
にわかに雨《あめ》のふりいでて
王《わう》は臍《へそ》までうまりける。
それより王《わう》はわすれても
二度《にど》と田舎《ゐなか》へゆかざりき。

と、主人公が西洋のアゼンの王になり、なぜか語調は古風な七五調を使っていますし、前半二行目には、原文にはまったく表現されていないイメージが付け加えられています。

さらに『歌時計』（前掲書）では、

昔《むかし》アゼンの王様《わうさま》が
田舎《いなか》へ花《はな》をつみにゆき
田《た》のまん中《なか》で雨《あめ》にあひ
王《わう》は臍《へそ》まで濡《ぬ》れちやつた
それから王《わう》はわすれても
二度《にど》と田舎《いなか》へ行《い》かなんだ。

と、改作の詩のイメージを保ったまま自由な口調に戻り、マザーグースらしい言葉の弾みや滑稽味《こつけいみ》が出てきています。

夢二の訳業に関して、「竹久夢二という人は、画家としての評判はとも角、詩人としては凡才に過ぎなかったのは、一般に知られている通り」（「英語わらべうたと竹久夢二」、前掲書）とアン・ヘリング女史は述べていますが、藤田圭雄氏は昭和初期の作品に関しては平凡で常識的な作風であったとしながらも、マザーグース訳の多かったころの作品については「お伽的な、概念的な童謡がほとんどを占めていた大正初期に、正しい写生と、無駄のないフレーズによる独特の試作は、十分に再評価されてよいものだ」(『日本童謡史II』あかね書房、一九八四年）としています。

また、竹久夢二のマザーグース訳が長いこと気づかれなかったのは、その後の北原白秋をはじめとする訳詩には、〝マザーグース〟あるいは〝英国童謡〟などと明記してあり、読者にそれを意識させていたのに対して、『歌時計』の前書き「若き母達へ」のなかでただ一行、「本《ほん》の後《あと》の方《はう》に載《の》せた歌《うた》は多《おほ》く外国《ぐわいこく》の童謡《どうえう》を訳《やく》したのです。これは声《こゑ》に出《だ》して謡《うた》ふよりも子供自身《こどもじしん》に読《よ》ませて下《くだ》さい」とある以外には、何も出典の断り書きがなかったためです。

逆に言えば、夢二のほうに、マザーグース訳という意識がなかったともいえるのかもしれません。ですから白秋以降の詩人たちの訳詩に比較すると、原詩の内容を外れずに訳すというよりも、マザーグースを画家の目でとらえ、咀嚼《そしやく》し、その発想をキャンバスに描くのではなく言葉で描いたような「夢二の詩」、という感じが筆者にはするのです。

夢二の詩から、外国の多くの絵本作家たちが、四行ほどの短いマザーグース詩からもそれぞれ個性的な広がりをもつ絵を描いてきたことに筆者は思いを馳せました。マザーグースの魅力が画家たちの想像力を掻《か》き立ててきたのでしょうか、詩の一行を、一枚から数枚の絵にするなど、短い詩を一冊の絵本にしてしまっているものもたくさんあります。夢二愛用のマザーグース集手拓本《しゅたくぼん》のひとつである *MOTHER GOOSE A COLLECTION OF NURSERY RHYMES, TALES, JINGLES AND ALPHABETS*（ワージントン社、ニューヨーク、長田幹雄氏所蔵）の部分コピーを手に入れることができましたが、その本の詩の上や下には、夢二が自らつけたという⊗や○の印を見つけることができます。その印を見ると、夢二がどのように詩を選び、どのようにイメージを膨らませていったかが偲《しの》ばれます。

巻末に紹介した付表1「竹久夢二マザーグース訳登場作品一覧」には、ほぼ原詩全体を把握している訳と思われるものだけを挙げました。しかし平野敬一氏は、夢二が手拓本としてきたマザーグース集と照らし合わせると、このほかにも『歌時計』の「鳩」と「言へないこと」の二篇は同じ原詩の一部からそれぞれ派生したものであり、「山の小鳥」と「海月《くらげ》」も、『凧』（研究社、一九二六年）の「猫と犬」も、その源泉はマザーグースにあることを示唆しています（「さざれいし」『現代英語教育』、一九九四年八月号ならびに一九九五年三月号、研究社）。

元来、マザーグースは伝承という性質上、元歌から別の歌として派生したものや、一つの詩の一部がいつのまにか別の詩として認識されるようになっていったり、二つの詩の一部がくっついて一つの詩になって伝わっていくということは、珍しくありません。その意味では、竹久夢二のマザーグースの受け入れ方は、画家の感覚においても、詩作の感覚においても、本場のマザーグース伝承の姿を日本で示しているようにも思います。

土岐善麿も手がけたマザーグース

夢二と同様、マザーグースと断りなしに、自分の詩集にマザーグースを登場させていたのが、歌人で国文学者の土岐善麿《ときぜんまろ》（一八八五〜一九八〇）です。善麿は、大正八年に出版されたローマ字詩集『Otogiuta』（日本のローマ字社）のなかで、マザーグースを五篇訳していました。

この詩集について平野敬一氏にお尋ねの手紙を出したところ、平野氏は「このローマ字詩集が初めて一般に紹介されたのは、一九九一年夏、軽井沢の絵本の森美術館で開かれたマザーグース絵本展の、いわば目玉展示物としてでした。この絵本展のしばらく前に、私の読者の一人から、京都の古本屋でこんなものを見つけたといって知らせてくれたので、拝借して早速展示物に加えた次第。それまで土岐善麿にマザーグース訳があることは、寡聞《かぶん》にして知らなかったので、貴重な発見だと思いました」とのお返事と、その本のコピーを送ってくださいました。このことからも分かるように、善麿がマザーグースを訳していたことは、その発表以来八十余年にわたって気がつかれなかったことになります。

さらに平野氏は、「ファンが見つけてくれたのは昭和十四年の第五版でした。それが初版と全く同一か、それとも若干の異同があるのか、その点は今なお不明です。第五版以前の古い版についての情報は私の耳には入っていません。初版以来、二十年間、out of print（絶版―筆者註）にならず、ある一定の需要が続いていたらしい、と想像することは出来ますが」とも書かれていました。筆者がその所在をやっとの思いで見つけた筑波大学図書館所蔵本は、大正十四年（一九二五）の第三版でした。表紙から最終ページ「日本式ローマ字綴表」までは第五版とまったく同じですが、奥付には若干の変更が見られます。

第三版では、著作兼発行者として土岐善麿の名が記載され、日本のローマ字社は発行所としてのみ掲載されていますが、第五版では著作者として土岐善麿、発行者として日本のローマ字社が挙げられていることなどです。

明治の終わりごろから、ローマ字を使って西洋風のしゃれた感じを出す風潮があり、夢二も『さよなら』では、タイトルページに“SAYONARA”とか自分の名前を“YUME-JI”と入れるなど、あちこちでローマ字書きを使用しています。そして、西洋文明摂取の一方法、一段階として、日本語をローマ字書きにしてアルファベットに慣れさせようとの

Karappono Kame

Karappono Kame ga
Hei no ueni nokkatta,
Karappono Kame ga
Hei no ue kara okkotta;
Tensisama no Kaigun ga kitemo,
Tensisama no Rikugun ga kitemo,
Metyametyano Kame wa,
Karappono Kame wa,
Metyametyano Kame yo,
Karappono Kame yo!

36

上　土岐善麿著『Otogiuta』第三版（表紙）（日本のローマ字社）
下　同上，p.36「Karappono Kame」（本書 pp.77〜78参照）

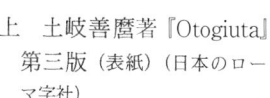

ローマ字運動が起こり、そのローマ字運動の推進者でもあった土岐善麿が出版したのが、このローマ字詩集『Otogiuta』です。

ですから、第三版と第五版の奥付の違いは、少なくとも第三版まではローマ字運動に情熱を傾けていた善麿が、個人的な色合いの強い本として出版していたこと、そして第五版出版の昭和初期には、大正時代にはじまったモボ・モガのハイカラ礼賛《らいさん》の波が押し寄せてローマ字浸透度もすすみ、この本の重要度も高まっていたので、日本のローマ字社が主体として出版にかかわったことを、発行者名変更は示しているともいえるのではないでしょうか。

しかし、その後日本は軍事色が徐々に強まっていき、英語は敵性語とみなされる時代に突入していきましたから、当然ローマ字推進運動も下火になり、消されてしまったことは想像に難くありません。おそらくその流れのなかで『Otogiuta』も抹殺され、善麿のマザーグース訳も気がつかれぬままに時を過したと思われます。

ローマ字表記の日本語訳

『Otogiuta』には、「Kadomatu」「Nanakusa」「Urabon」など日本の四季や行事に関するものや、「Hana ga saita」「Engawa de」など子どもの生活を描いたもの、また西洋文化流入を感じさせる「Rôntenisu」

「Kurisumasu」「Torapisuto」など、善麿の四五篇の詩がすべてローマ字書きで掲載されています。

このなかのマザーグース訳五篇を、原詩と合わせてみると次のようになります。

(A)
Huehuki no Taro San wa
Tori wo nusunde nigemasita.
　Tori wa taberare,
　Taro San wa butare,
Butare, taberare, Taro San wa,
Hue mo hukazuni naite yuku.

Tom, Tom, the piper's son,
Stole a pig and away he run;
　The pig was eat
　And Tom was beat,
And Tom went howling down the street.

（英詩拙註）

この詩では、笛吹きの男の子の名前〃トム〃が、日本の代表的な男の子の名前〃太郎さん〃に、盗んだ〃ブタ〃が〃トリ〃に代わっているほかは、ほとんど原詩に忠実に翻訳されているのが分かります。

(B)

Guruguru to mawarimasyo,
Suzusii suzusii Nemu no Kage.
Te wo totte mawarimasyo!
Honnori akai Nemu no Hana,
Honnori akai Nisi no Sora,
　Te wo totte,
　Guruguru to,
Suzusii suzusii Nemu no Kage!

Here we go round the mulberry bush,
The mulberry bush, the mulberry bush,
Here we go round the mulberry bush,
　On a cold and frosty morning.

（英詩拙註）

この詩は、『鏡の国のアリス』のなかで、アリスが双子の兄弟トゥイードルダムとトゥイードルディー（これもマザーグースの詩に登場するキャラクター）と出会い、手をつないだ途端にこの歌のメロディーが聞こえてきてぐるぐる回りつづける場面があることからも、遊び歌として、いかに親しまれてきたマザーグースであるかが分かります。

善麿訳は、「桑」をなんとなくロマンチックな雰囲気のする「合歓《ねむ》」に替え、遊ぶ様子を具体的に詩のなかに盛り込んでいます。マザーグース絵本でこの詩につけられているほとんどの絵は、一本の桑の木のまわりを何人かの子どもが手をつないで回っている様子を描いていますから、おそらく善麿は、輸入絵本のこの詩の絵を見て、〝手を取って〟という言葉を付け加えたのではないでしょうか。

(C)

Wanwan to	Hark, hark,
Inu ga hoemasu!	The dogs do bark,
Koziki ga	The beggars are coming to town;
Mati ni haitte kimasu.	Some in rags,
Boroborono Kimono wo kite,	And some in jags,
Zorozoro to haitte kimasu.	And one in a velvet gown.

（英詩拙註）

善麿は、原詩の最後の一行は割愛していますが、当時の日本の“Koziki”が、ベルベットを身につけているなど、考え難かったからかもしれません。

しかし善麿は、なぜ『Otogiuta』にこのマザーグースを訳して入れたのでしょうか。内容的にはもっとふさわしいマザーグースがいろいろあるにもかかわらず、数少ないマザーグース訳としてこの詩を採用した善麿の意図は何だったのか、理解に苦しむところです。

(D)

Nyânya yo Nyânya,
　Omae wa doko e itte' ta no?
Okisakisama ni Omemie ni,
Miyako e itte orimasita.
　Omae wa soko de nani sita no?
Oisu no Kage de Konezumi wo
Bikkuri sasete yarimasita.

（原詩は六一・六二ページ参照）

すでに夢二訳（六一～六三ページ参照）でこのマザーグースを紹介しましたが、日本の子どもたちにも喜んで受け入れられると考えられたのか、北原白秋をはじめとして、これ以降のマザーグース翻訳を手がけた人たちの多くがこの詩を取り上げています。

(E)

Karappono Kame ga
Hei no ueni nokkatta,
Karappono Kame ga
Hei no ue kara okkotta;
Tensisama no Kaigun ga kitemo,
Tensisama no Rikugun ga kitemo,
Metyametyano Kame wa,
Karappono Kame wa,
Metyametyano Kame yo,
Karappono Kame yo!

Humpty Dumpty
sat on a wall,
Humpty Dumpty
had a great fall.
All the king's horses,
And all the king's men,
Couldn't put Humpty
together again.

(英詩拙註)

最近は日本でも、〝ハンプティ　ダンプティ〟は卵の形をしているキャラクター、あるいは、アリスの話に登場する卵男として知られるようになりました。しかし、このキャラクターがマザーグースの出身であることや、そのマザーグースが〝卵〟を答えとするなぞなぞの詩であったことを認知している日本人は、現在でも多いといえる状況ではありません。

ですから善麿は、「割れてしまえば決して元に戻らない存在の卵を擬人化した〝ハンプティ　ダンプティ〟」という認識がまったくない当時の読み手のために、詩の意味が理解できるよう〝からっぽの甕《かめ》〟に置き換えたのでしょうが、なんと大胆な発想の転換でしょう。(A)から(D)の四篇が、比較的原詩にそって訳されているのに対して、この「Karappono Kame」の場面設定は、原詩のマザーグースを越える新鮮さすら感じさせます。

原詩三、四行目「王のすべての馬を　集めても／王のすべての部下を　集めても」のくだりを「天子様の海軍と陸軍」を引き合いに出したところは、平野氏が「訳者の工夫と苦心、それに時代相がしのばれる」（前掲書）とあるように、なかなか異色の訳詩となっています。そして今のところ、善麿訳「Karappono Kame」が「ハンプティ　ダンプティ」の本邦初訳ということになります。

このように見てくると、まだマザーグースと明記されない時期だったからこそ、翻訳というよりも翻案に近い大胆なマザーグース訳の登場が許されていたようにも思います。六八・六九ページにも述べたように、マザーグースの本質は伝承であり、かなりの柔軟性を持ち合わせていますが、その伝承の自由さが、良かれ悪しかれ、〝外国文化〟の翻訳という枠を意識したときから、日本ではおのずと規制されがちになっていくのは、ある意味ではいたしかたないことでしょう。

なぜなら、一六八ページで述べるように、原詩の意味を知らなければ、大胆な訳も、パロディーも理解できず、その大胆な訳やパロディー自体を、英語圏の人たちがもつ共通認識と思い誤る危険性をはらんでいるからです。

第一次マザーグース・ブーム（大正後期〜昭和初期）

『赤い鳥』と北原白秋

二十五歳で『邪宗門《じゃしゅうもん》』、二十七歳で『思ひ出』を出版し、三十三歳となっていた北原白秋（一八八五〜一九四二）はすでに詩壇で確固たる地位を占めていましたが、仕事の方はある種のスランプ状態に陥っていました。

そんなときに出現したのが、鈴木三重吉による『赤い鳥』運動（五三・五四ページ参照）でした。白秋は三重吉のたっての願いで、児童芸術雑誌『赤い鳥』創刊号（一九一八年）から童謡欄を担当し、募集童謡の撰者を務めるとともに、新たな創作に取り組んだのです。つまり、『赤い鳥』によって白秋は新しい芸術に情熱を燃やすことになり、スランプからも脱し、まとまった創作の方向をつかんだのでした。

しかし、大正九年（一九二〇）の五月には離婚にいたる家庭的なトラブルがあったためか、創作活動に行き詰まりが見え、大正九年一月号に「胡桃《くるみ》」「柱時計」、二月号に「お靴の中に」「小さなお嬢つちやん」、三月号に「ねんねこうた」「月の中の人」、四月号に「コケコツコ踊」「おもちやの馬」「てんたう虫」「月の夜」「一つの樽に」「気ちがひ家族」、五月号に「風よ吹け吹け」「足」と、もっぱらマザーグースの翻訳を載せています。この年はそのほかにも、一月一日付『福岡日日新聞』に一九篇のマザーグースを掲載しており、五月までに三三篇を一気に発表しています。しかし、六月号、七月号、八月号と三月続けて『赤い鳥』に白秋の作品は見当たりません。そんなとき、白秋はなんらかの糸口を求めて、マザーグースの翻訳に本腰を入れるようになったのかもしれません。

大正十年六月号には、「孟買《ボンベイ》の肥満漢《ふとっちょ》」「クリスマスが来やすわい」「ゴオサムの三悧巧《りこう》」「三百屋《さんびやくや》」などを発表し、その年の暮れ十二月には、『まざあ・ぐうす』が定価二円八〇銭で、東京神田のアルスより出版の運びとなったのでした。

日本初のマザーグース詩集

英国伝承童謡集がマザーグースと銘打って日本に紹介されたのは、この北原白秋訳『まざあ・ぐうす』がはじめてということになります。

この本には一三一篇ものマザーグースが収録されていますが、一、二年の間にこれだけの数を訳すのは、大変な仕事です。ところどころの誤訳や、内容を正確にとの思いから窮屈な感じのする訳もありますが、概してその翻訳は、言葉のリズムを大事にする白秋らしい楽しさがあり、自由でのびのびとしていて、詩人の感性を感じさせます。さらにこの本には、「日本の子供たちに」と題した「はしがき」と、「巻末に」という大人向けの解説が付されています。その後多くのマザーグース訳詩集が登場しますが、この白秋の業績は、いつまでも一つの金字塔として輝いていくのではないでしょうか。

　白秋は、このマザーグース訳に取りかかるまで、古風なわらべ唄を新作童謡の根本においていました。そして、「西洋の詩若《も》しくは童謡をそのまま日本に将来しようとするのは謬《あやま》りである」「万代を通じて日本の童謡には日本童謡としての不易性が真実の意味において一貫してゐなければならないのである、民族的に」（「童謡私鈔」『詩と音楽』一九二三年一月号〈日本童謡詩I、前掲書〉）と述べています。

　ですから白秋は、西条八十《さいじょうやそ》が手がけたイギリスの詩人ロセッティ（一八三〇〜九四）やスティーブンソン（一八五〇〜九四）の詩のような、新しい西洋の子どもの詩の翻訳は試みていません。その白秋が、なぜ西洋のマザーグースに興味をもったのかといえば、わらべ唄調の創作活動に行き詰まった折りも折り、新しい西洋文化の香りがするものではあっても、新しくつくられたものではなく、なかには日本のわらべ唄と同じような発想のものや遊び歌もある伝承童謡であったことに共通性を見出したからでしょう。

そのことについて白秋は、この本の「巻末に」（以下引用文、筆者による現代表記）のなかで、「民族の伝統ということを考えないで、ただ優秀な詩人の手になるもののみが真の高貴な歌謡だと思うのは間違いであろう。私はそうした妙な詩人気取りはきらいである」と述べながら、「日本在来の童謡は日本の童謡の本源であり本流である」という意味で「マザーグースも同じく英国童謡の本源とみなしていいであろう」とし、「その長い民族精神の伝統ということについて充分に尊重しなければならない」と述べています。

北原白秋訳『まざあ・ぐうす』
（中扉）（アルス　復刻版：大空社）

白秋のマザーグース翻訳論

さらに「巻末に」では、韻文の翻訳の難しさ、英語力の乏しさを嘆きながらも、詩人として、そのリズムや原詩の韻を踏む面白さにいかに留意したか、またその方策を、具体的に述べています。

「これらの童謡はむろん手拍子足拍子で歌うべきものであるので、訳もまた極めて民謡風の動律で、全然歌うようにしなければならない」としながらも、第一の困難として挙げているのは、英語のリズムを日本語のリズムに移すこと、さらに歌えるような訳にすることです。ここでの歌えるとは、白秋が詩についているメロディーを具体的に知っていたとは考えられないので、調子よく口に出して唱えられるという意味でしょう。

白秋はとりあえず、一行ずつ逐次訳せざるを得ず、「そのお陰で私は創作以上の苦しみをなめた」と述べていますが、しだいに厳格な逐次訳でも白秋らしいリズム感のある詩としてできるようになったとも自負しています。

たしかに、「「誰《だアれ》が殺《ころ》した、駒鳥《こまどり》の雄《をす》を。」／「そォれは私《わたし》よ。」雀《すずめ》がかう云《い》つた。」（原詩は五八ページ参照）のように、伸ばす音を小文字のカタカナで挿入することによって弾むようなリズムを表現したり、それまでのわらべうた調一辺倒のリズムから解放され、かなり自由なリズムを駆使しています。

次には、韻を踏む言葉の面白さをどう処理したらよいかに腐心しています。

「“Rain, rain, go to Spain”というような音韻上の引っかけ言葉のものは訳しようとするのがそもそもの無理であるから訳さなかった。「雨雨、西班牙《スペイン》へ」では原謡の面白味がなくなるからである。日本でなら「雨、雨、安房《あわ》へ」という風にあの韻で掛けてゆくべきものである」としています。ですから、この詩のようにレイン、スペインが韻を踏むから面白いというような詩では、その面白さを日本語でうまく表現できない場合には、無理に取り上げていませんし、「「お医者様のフォスタァさんが、グロスタァへ行って。」（傍点筆者、原詩は六四ページ参照）という風のものはこれも言葉上の引掛けであるが、固有名詞でそのままにやれるから、その通りにしておいた。「お医者様の西庵《さいあん》さんが埼玉へ行って。」という風の洒落《しゃれ》だ」という風に、韻に関してもいろいろと工夫を凝《こ》らしています。

これはまさに白秋が、耳や口を通して伝承されてきたマザーグースの、音になったときの魅力を、十二分に理解していたことを証明しています。

推敲を重ねた白秋

さらにこの時期、白秋がマザーグース翻訳に力を入れていたことは、「巻末に」の「一昨年あたり、初めてこのことに着手した当座はまだ不馴れで、充分手に入らなかった故に、謡いものとするために多少の手加減をしなければ思うように訳せなかった。それが次第に厳格な逐次訳でどうにか納めていけるようになった。でこの中には少数の手加減を入れた例外がある」との文面や、すでに発表していたいくつかの作品を、再録するにあたって推敲していることからも分かります。そしてこの本が出版された後、昭和五年（一九三〇）に出版されたアルス全集本に入っている『まざあ・ぐうす』にも、初版単行本を手直しした個所が散見できます。

たとえば、『赤い鳥』一月号に載せた初期のマザーグース訳「柱時計」は、

カッタ、コット、カッタコット、カッタコトリ。
二十日鼠《はつかねずみ》のちび鼠《ねずみ》。
分銅《ふんどう》のくさりをかけあがる。
そこで時計《とけい》がチーンとなる。
鼠《ねずみ》がくさりをかけおりる。
カッタ、コット、カッタコット、カッタコトリ。

Hickory, dickory, dock,
The mouse ran up the clock.
The clock struck one,
The mouse ran down,
Hickory, dickory, dock.
（英詩拙註）

となっていたのを、初版単行本ではタイトルも「一時」と変わり、

いっちく、たっちく、おうやおや。

鼠《ねずみ》が時計《とけい》をかけあがる。
柱時計《はしらとけい》がチーンとうつ。
鼠《ねずみ》がすたこらかけおりる。
いっちく、たっちく、おうやおや。

と、原詩に合わせて五行ですっきりとし、調子もずっとリズミカルになっています。

今も読むことができる角川文庫版（一九七六年）は、アルス全集本の『まざあ・ぐうす』（初版単行本収録の「ＡＢＣ《エビイシイ》」を外して一三〇篇収録）を底本として現代表記にしたものですが、初版単行本と比較すると、表記の差だけではなく、ここでもあちこち手直しがされていて、苦心の跡が見えます。

『赤い鳥』四月号に「月の夜」と題して発表された次のマザーグースは、短いナンセンス詩では最も有名なものといわれていますが、初版単行本ではタイトルだけが「お月夜」と変わっています。

ひょっこり、ひょっこり、ひょっこりしょ。
Hey diddle diddle,

猫《ねこ》が胡弓《こきう》弾《ひ》いた。
牝牛《めうし》がお月様《つきさま》飛《と》び越《こ》えた。
小犬《こいぬ》がそれを見《み》て笑《わら》ひ出《だ》す。
お皿《さら》がお匙《さじ》を追《お》つかけた。
ひょっこり、ひょっこり、ひょっこりしょ。

The cat and the fiddle,
The cow jumped over the moon;
The little dog laughed
To see such sport,
And the dish ran away with the
spoon.（英詩拙註）

それが角川文庫版では、一行目と六行目を除いては胡弓、月、皿以外の漢字がひらがなになっているほかはまったく同じですが、最初と最後の行が〝へっこら、ひょっこら、へっこらしょ。〟と、諧謔味《かいぎゃくみ》の増した表現に変わっています。

五行目の〝追《お》つかけた〟は、ここにあげたような一般的な原詩では〝駆落ちした〟の意味ですが、ハリウェルの『イングランドの伝承童謡』（九〜一一ページ参照）に "ran after the spoon" というバリエーションが掲載されていますから、白秋がどの原詩をもとにしたかによって訳し方が違ってきます。ですから、一概に誤訳とはいえません。

しかし後の稿になって、間違った方向に訂正されているものもいくつかあり、残念に思います。その一例として、初版単行本まで「ゴオサムの三悧巧」との訳であったのが、なぜかアルス全集本（または角川文庫版）では「ゴットハムの三りこう」（傍点筆者）となってしまったケースが挙げられます。原詩の"Gotham"はイングランドの地名で、ゴオサムあるいはゴオタムなどと日本語表記してかまいませんが、ゴットハムとは読まないのです。最初にゴットハムと読みがちになるのは分かります。しかし、最初の方がよかったのになぜ後で間違った方向に……と、不思議に思います。

「はしがき」――マザーグースの特質

さて、巻頭に載せられている「はしがき」（以下引用文、筆者による現代表記）は、子どもたちに語りかけるような調子でマザーグースについて書かれていますが、ここにも白秋のマザーグース理解の深さを示す一文があります。

マザーグースの本の紹介者として、「日本ではこの私のが初めてです」と自負を述べ、その童謡のなかにはいろいろな種類のものが入っていることを紹介した後に、「それはもうどんなに不思議で美しくて、おかしくて、ばかばかしくて、面白くて、なさけなくて、怒りたくて、笑いたくて、歌いたくなる」というくだりです。

この一文については平野敬一氏が、「イギリス伝承童謡の特質を網羅しており（私にはこれに「不気味な」をつけ加えたい)、白秋が伝承童謡をいかに的確に把握し、いかにそれに深く親炙《しんしゃ》していたかを示している」(『マザー・グースの唄　イギリスの伝承童謡』中公新書、一九七二年)と指摘しているとおり、白秋がマザーグースの内容をしっかり把握し、その特質を端的に表現しているのはさすがです。

「はしがき」――マザーグースの由来

日本でマザーグースという言葉を英米伝承童謡の総称として使うようになったのは、この白秋訳の本のタイトルが『まざあ・ぐうす』とつけられたことに大きく起因すると考えられますが、白秋はそのことについて、「はしがき」(以下引用文、筆者による現代表記)のなかで次のように述べています。

そのグウスというお婆さんは今から二百年ばかり前に生れた方でした。そのお婆さんに一人の小《ち》っちゃな孫息子がありました。お婆さんはその孫息子がかわゆくてならなかったものですから、その子を喜ばせるためにその子の喜ぶような、そうしてその子の罪のない美しいお夢をまだまだかわいい綺麗《きれい》な深みのあるものにしてやりたいのでした。それでいろいろな面白いお唄をしぜんと自分でつくり出すようになりました。

（中略）そのお婆さんの養子にトオマス・フリイトという人がありました。この人は印刷屋さんでした。で、そのお母さんが自分の息子のために歌って下すった、そうしたありがたいお唄を刷って、自分の息子ばかりでなく、外《ほか》の沢山の子供たちを喜ばしてやりたいと思ったのでした。それでこのマザア・グウスの童謡の御本が初めて刷られて、広く世間に読まれるようになりました。それは西洋暦の千七百十九年という年で、時のイギリスの王様はジョウジ一世と申されるお方でした。

白秋が信じたマザーグース実在説

このような解説をしたのは、白秋が、アメリカで発生したグース夫人説を信じていたからと思われます。この説は、一八六〇年、アメリカのボストンの新聞に、ある投書が載ったのが発端《ほったん》でした。

その投書には、「マザーグースとは、一六六五年生まれのエリザベス・グース夫人のことで、彼女が孫に語って聞かせたものを、印刷屋だった娘婿が一七一九年に『子供部屋の歌／子どもたちのためのマザーグースのメロディー』（*Songs for the Nursery or, Mother Goose's Melodies for Children*）という本にした」という内容のものでした。投書の主は、トーマス・フリートの曾孫《ひまご》にあたるジョン・フリート・エリオットという男です。以来アメリカでは、マザーグースとはこのグース夫人のことであるとの説がひろまり、かなり長い間信じられてきたのですが、その後の研究調査では、娘婿が制作したというこのグース夫人の本は実在せず、この説はまったくの作りごとであることが判明しています。

ただ、十九世紀のアメリカのマザーグース集には、このグース夫人説を前書きで紹介しているものが何冊かあるようで（筆者所蔵の一八七九年にボストンで出版されたマザーグース集にも、何ページかにわたってグース家の家系などが詳細に書かれています）、白秋がこの当時のアメリカのマザーグース集を参考にして、マザーグース実在説を信じていたとしても無理はありません。

しかし「はしがき」には、〝イギリスの子供たち〟という言葉は何度も出てきますが、〝アメリカ〟という国名がまったく出てこないのは不思議です。英米伝承童謡の総称として「マザーグース」という言葉が日本に浸透した背景には、この白秋の『まざあ・ぐうす』というタイトル名が大きく影響を与えたのはもちろんですが、日本人にイギリスの実状とは異なった「マザーグース」という言葉に対するイメージが刷り込まれたのも、この本の「はしがき」によるところが大きいかもしれません。

しかし、日本人のマザーグース観への影響やその起源に関する記述の誤りはあったとしても、北原白秋のマザーグースに対する洞察の深さは素晴らしいものですし、質の高い訳業によってマザーグースを紹介した功績は損なわれることはありません。

大正後期の童謡黄金時代

『赤い鳥』を追うようにして、大正八年（一九一九）の四月に『おとぎの世界』、七月に『こども雑誌』、十一月に『金の船』、翌年大正九年には、三月に『おはなし』、四月に『童話』など、児童雑誌が次々と創刊されました。そして、童謡発表の場が広がったことにより大正後期にはすぐれた童謡詩人たちが輩出し、児童雑誌を中心に、婦人雑誌、教育雑誌、日刊新聞、総合雑誌にまで童謡が載せられるような、童謡の黄金期を迎えていました。

この童謡黄金期と重なるようにして、大正後期から昭和初期にかけて第一次マザーグース・ブームが起こっています。

この時代、童謡詩人たちは自分の創作詩だけではなく、外国の童謡もいろいろと紹介しており、たとえば西条八十（一八九二〜一九七〇）は、マザーグースも数篇訳していますが、八二ページで述べたように、大正九年ごろから『金の船』や『童話』に、イギリスの詩人スティーブンソン、テニスン（一八〇九〜九二）、デ・ラ・メア（一八七三〜一九五六）などによる、西欧の新しい子どもの歌を数多く紹介しています。藤田圭雄氏（『日本童謡詩I』、前掲書）によれば、「白秋などよりも西欧文学の素養のぐっと深い西条八十は、その童謡の出発点ですでに外国童謡との深い結びつきがあった」と述べています。

さらに藤田氏は、大正四年（一九一五）の『新月』（タゴール、増野三良訳）、九年の『ろしあ民謡集』（昇曙夢訳）、十一年の『スティブンソン子供の詩』（葛原しげる訳）など、この時期の日本の童謡界には、マザーグース以外にも外国童謡の翻訳が盛んだったことを示唆《しさ》しています。

ですから、このように童謡の創作活動が活発なうえ、外国童謡の翻訳が盛んにおこなわれていた状況を考えあわせると、大正十年の白秋訳『まざあ・ぐうす』が大きな弾みになったことはもちろんですが、第一次マザーグース・ブームは起こるべくして起こったといえるでしょう。

詩人たちの競演

白秋のマザーグース訳はこの後も、昭和四年（一九二九）には『日本児童文庫第二五巻　世界童謡集』（アルス）に三四篇所収（この本には平田禿木《とくぼく》のマザーグース訳も一二篇所収）、『まざあ・ぐうす』全体としては昭和五年の白秋全集（アルス）に、また昭和八年には春陽堂少年文庫に所収されています。

しかし、大正十年（一九二一）の『まざあ・ぐうす』を出版して以来、白秋は手直しこそすれ、新たなマザーグース訳はほとんど手がけていません。創作童謡のスランプに陥った白秋は、まるでマザーグースを栄養として力をつけて回復し、完全燃焼したかのようにマザーグースを突き抜けて、その後は独創的な詩作に意欲を燃やしていきます。

入れ代わるように、『新訳　世界童謡集』（冨山房、一九二四年〈『世界童謡集』冨山房百科文庫、一九九一年〉）で西条八十と水谷まさるが、『世界童謡選集』（春秋社、一九二四年）と『マザアグウス子供の唄』（春秋社、一九二五年）で松原至大《まつばらみちとも》が、そして『諸国童謡集』（『世界童話大系第十七巻　世界童謡集（上）諸国童謡集』世界童話大系刊行会、一九二五年）と『MOTHER GOOSE'S NURSERY RHYMES　英国童謡集』（研究社、一九二九年）で竹友藻《たけともそう》風《ふう》がマザーグースに取り組み、まとまったマザーグース訳を残しています。

八十とマザーグース

鈴木三重吉は『赤い鳥』創刊に際して、その童謡欄の担当者としてまず北原白秋を選びましたが（八〇ページ参照）、当時まだ無名であった新人の西条八十のところへも自分で出向いてその理想を説き、参加を促しました。白秋とはまた違った八十の詩人としての才能に、三重吉は早くから注目していたからです。

さすが三重吉の見る目は確かで、八十の作品は自由でハイカラで、日本の伝統に基づくわらべ唄を出発点と考えた白秋の作品とはまったく違う、新鮮なものでした。早稲田大学英文科を卒業している八十の詩風は、これまでにも述べたように、イギリスの詩人たちの影響を受け、自分の詩心をそのままに表現しようとした、抒情的な象徴詩風のものでした。
大正十年四月号『赤い鳥』に掲載されたクリスティーナ・ロセッティの「風」は、八十の叙情的な詩情が溢れていて名訳といわれているものの一つです。

だあれが風を見たでしょう?
ぼくもあなたも見やしない。
けれど木《こ》の葉《は》をふるわせて
風はとおりぬけて行く。

だあれが風を見たでしょう?
あなたもぼくも見やしない。
けれど樹立《こだち》が頭をさげて
風はとおりすぎて行く。

(『世界童謡集』冨山房百科文庫、前掲書)

大正十年六月号の『赤い鳥』には、作曲家草川信がこの詩につけた曲も発表されており、〝歌〟としても日本の子どもにも大人にも愛されました。おそらく、五十代より年配の方たちは、この歌を口ずさんだ経験があることでしょう。

この詩も掲載されている『新訳　世界童謡集』には、マザーグースと考えられる詩が一二〇篇入っていますが、八十が訳しているのはそのうち四篇だけです。

八十は児童雑誌『童話』の童謡欄に、大正十一年四月号から外国童謡の翻訳をほとんど毎号載せていますが、西欧の新しい子どもの詩がほとんどで、マザーグースは四月号「二羽の鳥」と「床屋さん」、十二年八月号「かっくう」（『新訳　世界童謡集』の「かっくうの歌」）、「掟《おきて》」（『新訳　世界童謡集』の「いましめ」）と「男の子と女の子」が紹介されているだけです。つまり、『新訳　世界童謡集』の八十訳マザーグースとは、『童話』に発表されたものと同じ四篇（「二羽の鳥」は水谷まさる訳を所収）のみということになります。

かっくうは四月に　やって来る。
五月はひねもす　歌うたい。
六月　その音《ね》が変ります。

The cuckoo comes in April,
Sings a song in May,
In the middle of June another tune,

七月そろそろ　お支度で
八月さびしく　さようなら。

And then he flies away.

（英詩拙註）

これは「かっくうの歌」（冨山房百科文庫、前掲書）ですが、鳥のカッコウを〝かっくう〟とした表現は、八十の独創性とともに大正ロマンを感じさせます。そして全体にやさしいリズム感を響かせ、最後の行〝さびしく　さようなら〟と〝さ〟の頭韻を踏んで、原詩にはない物悲しさを漂わせているところは、子どもの詩にも抒情性・芸術性を追い求めた八十ならではのマザーグース訳といえると思います。

八十は、大正十二年五月号の『童話』で、九人の子どもたちが一人ずついなくなるという物語詩の「九人の黒んぼ」を発表しています。これは、マザーグース「十人の黒んぼ（Ten Little Nigger Boys）」を下敷きにしたと思われます。八十はこの詩を、「童話詩としての童謡」と位置づけ、「児童に気に入られんがために作った」「詩人自身の主観、即ち、その作者の真実の感動は極めて希薄に盛られている」（『現代童謡講話』、一九二四年〈『日本童謡詩Ⅰ』、前掲書〉）と、自分ではあまり評価できる作品とはしていません。

八十は『新訳　世界童謡集』以後も、マザーグース訳にはほとんど関心を示していないようです。これは、日本の伝統とマザーグースの伝承性に共通点を見出した白秋と違い、抒情性・象徴性を重要視した八十にとって、素朴で民衆の匂いの強いマザーグースはそれほど魅力を感じさせるものではなかったからでしょう。

『新訳　世界童謡集』の水谷まさる

西条八十よりも二歳年下で、早稲田大学英文科の後輩でもある水谷まさる（一八九四〜一九五〇）は、児童雑誌の編集者としてコドモ社に入社し、大正八年（一九一九）には『少女画報』（東京社）の主筆となりました。『少女画報』に毎号発表された少女詩や少女物語は、軽快な明るい作風で、たいそう人気があったようです。

『新訳　世界童謡集』は八十との共訳となっていますが、取り上げた詩の総数三八二篇のうち、水谷が三三〇篇を担当しているうえ、編集者としての実績もあってか、全体の構成から巻頭の「おぼえがき」などにいたるまで水谷が一手に引き受けています。

このなかのマザーグース訳も、一二〇篇中一一六篇が水谷訳と、圧倒的な多さです。総数一二〇篇とは、この本においては作者が判明しているためにマザーグースに含めてはいない、「ちらちら光る小さな星」「カナリヤ」「マリイの羊」「ディー河の粉挽き男」の四篇も、現在ではすでにマザーグース入りしていますので数に含めました。

「駒鳥《こまどり》の死」と題する水谷訳マザーグースの一連は、次のようになっています。

だれが駒鳥を殺したの？
「そりゃわたしが」と雀《すずめ》がいった。
「わたしの弓と矢でもって
その駒鳥を殺したよ」

（原詩は五八ページ参照）

水谷の訳詩は、この詩もそうですが、全体的に器用にまとめられています。マザーグースを含めて三三〇篇もの詩の翻訳を短期間でこなすということは、かなり大変な作業であったことは想像に難くありません。西洋の詩の紹介という意味での意義はもちろんありません。しかし、八十の影響を受けているにしては抒情性に乏《とぼ》しく、かなり説明的・直訳的ですし、白秋のように独特の世界を感じさせることもなく、物足りなさを感じさせます。

松原至大の訳業

松原至大《まつばらみちとも》（一八九三〜一九七一）は、八十と早稲田大学英文科の同期で、大学卒業後すぐに童謡や少女小説をつくりはじめていますし、『東京日日新聞』に入社後は、『小学生新聞』の編集長を務めた経験もあります。至大は、

『少女世界』や『東京日日新聞』などに小説を連載し、大正十五年（一九二六）には同志とともに童話作家協会を創立するなど、特に編集長の職を辞してからは、詩作もありますが、小説の方に力を注ぎ、多くの西欧児童文学書の翻訳も手がけました。

至大は大正十三年（一九二四）出版の『世界童謡選集』（春秋社）のなかで、一七篇のマザーグース訳を手がけています。これが契機になったのでしょうか、翌年の十二月には、奇を衒《てら》わぬ素直な詩風で二四八篇ものマザーグースを訳出し、『マザアグウス子供の唄』（春秋社、一九二五年）と題して出版しています。次の詩はそのなかの作品ですが、小泉八雲が息子の一雄にぴったりの訳を考えさせた言葉 knaves が出てきたマザーグース（三二～三四ページ参照）です。

どんどこ、どんどん、
桶《をけ》の中《なか》に三人《さんにん》ゐるよ。
誰《だれ》だと思《おも》ふの。
肉屋《にくや》に、菓子屋《くわしや》に、

燭台《しょくだい》つくり。
奴《やつ》めを追《お》ひだせ、
三人《さんにん》とも悪者《わるもの》だ。

詩人の川島知世女史は京都の古本屋でこの本を手に入れ、マザーグースの唄についての多くの知識を得られたとし、「訳者がどれ程の愛情をこの本に注いでいたかは親切な註や、簡潔で分かりやすい解説などによくあらわれている。直接子供に語りかけているような言葉の端々が私には嬉しかった」（「みなみな幼き日のうた――『マザアグウス子供の唄』訳考」『図書新聞』第一一七三号、一九六八年七月二十九日）と述べています。それは、松原至大がこのマザーグース集を、「さみ子、くみ子、えみ子に　みなみな幼き日に　父より」と自分の子どもたちに捧げていることからもその姿勢がうかがわれます。

そして「初めに」では、このマザーグースの数は今日では五〇〇近いものとなっていることを指摘し、当時の日本の風俗や習慣の違いから日本の子どもに理解し難いものはなるべく省いたが、なかには理解困難で面白味が分からないものもあるかもしれないが、「彼《か》の地《ち》の風俗《ふうぞく》や習慣《しふくわん》を、知《し》らず識《し》らずの中《うち》におぼえることができるでありませう」と述べ

松原至大訳『マザアグウス子供の唄』（春秋社，三康文庫所蔵）

ています。註のなかには、首をかしげたくなるような地名の呼び方などもありますが、至大は異国の文化理解の助けにと、白秋よりも多くの詩に、子どもにも親しみのもてる言葉で解説をつけたのでしょう。

そして白秋がマザーグース実在説を鵜呑《うの》みにしたのとは違って、この時点で分かり得た事実をきちんと述べています。ただし至大は、この本の半年前に出版された竹友藻風の『諸国童謡集』や、藻風が参考にしたイギリスのマザーグース集『マザーグースの童謡、昔話、そしてジングル』を大いに参考にしているのではないかとも思われます。

『諸国童謡集』の竹友藻風

西条八十、松原至大よりも二歳年上で、英文学者であり、詩人でもあった竹友藻風《たけともそうふう》（一八九一〜一九五四）は、大正十四年（一九二五）六月に、至大に半年ほど先駆けて、マザーグース訳二八六篇を収めた『世界童話大系第十七巻　世界童謡集（上）諸国童謡集』を上梓《じょうし》しています。

藻風はこの本の序文（以下引用文、筆者により現代表記）で、「謡《うた》の起源は遠い。恐らく人の言葉が生まれると共に存在したものであろう。（中略）原始民族に近くなるほど謡が実生活の中に重大な地位を占めていることはほとんど説明をまたないのである。われらはその第一の証跡を童謡において見る」とし、「童謡の国籍を定めることはいよいよ困難である。確かなことは童謡が時と所とを無視してあらゆる国のあらゆる時代に存在するということである」と、自分の童謡観を述べています。

さらに英文学者らしく、「今日これらの童謡を総称して「マザア、グウスの唄」、'Mother Goose's nursery rhymes and songs' というように称えるのはイギリスやアメリカの習慣であるが、マザア、グウスというお婆さんがこのような童謡を作ったわけではない。……」と述べ、イギリスやアメリカで習慣的に使われている英米伝承童謡の総称が「マザーグース」であると、はじめて日本の読者に示しています。この藻風の解説が、その後の日本におけるマザーグースという言葉に対する理解に、かなり影響を及

竹友藻風編訳『世界童話大系第17巻　世界童謡集（上）諸国童謡集』（世界童話大系刊行会，復刻版：名著普及会）

ぼしてきたようにも思います。

そして序文には、最初の章で筆者が述べたようなマザーグースと伝承童謡との結びつきや、イギリスの主な伝承童謡集を紹介し、神田の古本屋で前年に手に入れたイギリスの註釈付童謡集『マザーグースの童謡、昔話、そしてジングル』(*Mother Goose's Nursery Rhymes, Tales and Jingles*)(フレデリック・ワーン社、ロンドン、一八九〇年)を参考にしたと述べています。

さらに、ナーサリーライムの意味はライム、つまり押韻にあることにも言及し、その押韻は各国の言語特有の音の一致であるから、それをそのまま他の国の言葉に移すことはできないが、第二義的な言葉の意味あるいは効果とでもいうべきものを移し、その効果の表し方によって意味よりも重大な情緒は彷彿《ほうふつ》させることは可能である、とも述べています。

また、「ここに収めた童謡は子供の読むための詩をあつめたのであって、子供の作ったものではない」と述べているように、翻訳篇にはイギリス、ギリシャ、イタリア、フランス、スペインなどの伝承童謡とともに、シェイクスピア、ブレイク、テニスンなどイギリスの詩人たちの作品も紹介し、後半日本篇では、わらべうたはもちろん、『日本書紀』・催《さい》馬楽《ばら》などの古典や、北原白秋・西条八十ら当代の詩人の作品も取り上げています。

　この本は、翻訳篇四二四篇、日本篇五一四篇という膨大な数の詩が収録されていますが、翻訳篇のうち四〇三篇はイギリスの詩が占めており、藻風の英文学者としての知識ゆえか、諸国童謡集というより日英童謡集といった方がよいほどの偏りを見せています。そのイギリスの詩のなかでも、マザーグースは二八六篇、翻訳篇最後の「ちろり、ちろりと、いさ星《ぼし》」（ジェイン・テイラアー、原詩は二四・二五ページ参照）も前例（九九ページ参照）にならってマザーグースに加えると二八七篇となり、今日までに出版されたマザーグース関連の訳詩集においては、講談社文庫『マザー・グース　1〜4』（谷川俊太郎訳、一九八一年、一五一ページ参照）に三三六篇収録されるまでは、最も大きなものでした。

時代がかった藻風訳

　藻風は『諸国童謡集』で、白秋が「お月夜」と題したマザーグースに「猫《ねこ》が胡弓《こきゅう》で」とタイトルをつけ、次のように訳しています。

猫《ねこ》が胡弓《こきゅう》でトチツルテン、
牝牛《めうし》が月を跳《と》び越《こ》えた、
小犬《こいぬ》がそれ見て吹《ふ》き出《だ》した、
皿《さら》と匙《さじ》とが駆落《かけおち》だ。

（原詩は八七・八八ページ参照）

〝トチツルテン〟などと、お囃子《はやし》などで用いる表現を使ってこの詩の雰囲気を出そうと工夫してはいますが、白秋と同様、バイオリンを胡弓と表現し、古い語感の言葉を使っています。白秋も、日本の伝統を重んじ、民謡調を基軸にマザーグースを訳しており、古い言葉があちこちで見られますが、原詩の弾むリズム感を日本語にうまく置き換え、マザーグースの楽しさを表現していますし、すぐれた芸術性ゆえに現代感覚でも魅力的な訳詞となっています。しかし藻風の場合は、日本古来の詩形七五調を基本としているうえに古い言葉が重なり、八十や水谷まさるたちが西欧詩の影響を受け、非常に自由に自分の情感をうたっていたのと同じ時代の詩とは思えないような、一世代も二世代も昔の作品かと錯覚を起こさせてしまうような訳詩です。

もうひとつ、夢二が小説のなかに挿入したり（五八ページ参照）、至大が「駒鳥の死」（一〇〇ページ参照）とタイトルをつけたマザーグースの藻風訳第一連を見てみると、

誰《だれ》が駒鳥《ロビン》を殺《ころ》したか。
わし、と雀《すずめ》が申し候《そろ》。

わしの弓矢《ゆみや》でひようと射て、
わしが駒鳥《ロビン》を殺し候。

と、候文《そうろうぶん》を用いて、「猫が胡弓で」よりもさらに古色蒼然《こしょくそうぜん》としています。

解説付きでこれだけ多くのマザーグースを紹介している藻風の貢献度から考えれば、白秋の角川文庫版のように、もっと一般の人が手に取りやすい形の復刻版が出てもよいはずですが、全体的に時代がかった訳調が、残念ながら白秋を越え時代を超える作品となり得なかった理由の一つのように思います。

戦争の足音とともに断絶期へ

昭和四年（一九二九）には、九四ページでも述べたように、白秋訳三四篇と平田禿木訳一二篇のマザーグースを所収している『世界童謡集』（アルス）が出版されていますし、同じ年に藻風も、『MOTHER GOOSE'S NURSERY RHYMES 英国童謡集』（研究社英文訳註叢書）を出版しています。

この『MOTHER GOOSE'S NURSERY RHYMES 英国童謡集』は英語学習者対象の本で、英語の原詩と対訳の形で一三一篇のマザーグースが収録され、巻末に付された註には『諸国童謡集』と同様の部分もありますが、より英語の語法や単語の意味について多く記載され、英語解説の原文を引用しているところもかなり見られます。学習者対象のマザーグース集としては、おそらく日本ではじめてのものではないでしょうか。

この本に取り上げられたマザーグース一三一篇のうち一二四篇は、『諸国童謡集』に収録されているものです。藻風は、訳詩自体の大きい訂正はほとんどしていませんが、単語を新しい言葉に言い換えたり、語尾のニュアンスを変えたり、ちょこちょこと手直しをしているので、『諸国童謡集』から受ける古めかしい印象が、この本では薄められています。

タイトルの変更は一四篇に及び、そのうち七篇は、詩自体は『諸国童謡集』とまったく変更がないのに、タイトルだけ異なっています。そして、「ロンドンの鐘」（「オレンジとレモン」の長いヴァージョン）、「トウィイドル・ダムとトウィイドル・ディ」など、現代でもよく知られているマザーグースが七篇、新たに加えられています。この本は研究社新訳注双書として、かなづかいを改め、難しい漢字や語句をやさしく書きなおし、昭和三十四年（一九五九）に復刻されているので、今日でも手軽に読むことができます。

白秋の『まざあ・ぐうす』以降、次々とマザーグース集が出版されてきましたが、昭和四年（一九二九）の『MOTHER GOOSE'S NURSERY RHYMES 英国童謡集』の後は、白秋の『まざあ・ぐうす』が昭和五年の白秋全集（アルス）と昭和八年の春陽堂少年文庫に所収されたのみで、新しいマザーグース集は認められず、低調になっていきます。

しかし、このことだけで昭和の初期にマザーグース・ブームが下火になってしまったとは言い切れません。平野敬一氏は『マザー・グースの世界　伝承童謡の周辺』（エレック選書、一九七四年）で、戦前から戦中にかけてもマザーグースに親しんでいた人たちが日本にいたことを示唆しており、吉田其枝さんの例のように（一八～二一ページ参照）、気づかない間にマザーグースがかなり使われていた可能性は大きいと思います。

同じく平野氏は、「布地の絵本で絵は西洋のマンガ風、歌詞はカタカナ」のマザーグース絵本で遊びながら昭和初期に幼児期を過ごした人の例を挙げ、「いろいろの思わぬ経路を経てマザーグース絵本が日本にはいり読者に親しまれていた形跡がある。たとえば、マザーグース絵本を気軽に（あるいは安直に）翻訳・翻案したマザーグース絵本の日本語版もかなり古くから出回っていたらしい。（こういう類のものは出版されてもおそらく記録にも残らないのだと思う）」（『マザー・グースの世界　伝承童謡の周辺』、前掲書）と述べています。

また、のちに「マザーグース受容の多様性」の章でもふれますが、歌として、音楽としてのマザーグースも、昭和初期にいろいろな痕跡を残しているのです。昭和初期に幼少年期を過ごし、ピアノの音楽曲としてマザーグースに親しんだという谷川俊太郎《たにかわしゅんたろう》氏（一四八ページ参照）、昭和の初めに楽器店でイギリスのマザーグース楽譜集を見つけて歌としてのマザーグース訳をはじめた高田三九三《たかだきくぞう》氏（一九一～一九三ページ参照）、昭和十二年（一九三七）にはマザーグースの歌がレコード発売されている事実（一九三～一九七ページ参照）もあるのです。

西欧文化をもてはやした大正デモクラシーの影響を受けて花開いた観のある第一次マザーグース・ブームですが、昭和六年（一九三一）に満州事変が勃発《ぼっぱつ》したのをきっかけに、しだいに軍国主義路線に傾いていくと、徐々に西洋伝承童謡どころではない状況になっていったかのように見えます。

そして、昭和十四年（一九三九）に第二次世界大戦がはじまり、日本も国民徴用令が公布されるようになると、「非常時」「挙国一致」のスローガンが叫ばれ、文献上ではマザーグース・ブームも下火になります。もちろん、第二次世界大戦中は英語が敵性言語であったからでもあるのでしょうが、マザーグースに関する著作は見つけることができない、マザーグース断絶かと思われるような時代が続くことになるのです。

多彩なマザーグース訳・絵本

第二次世界大戦後〜現代

マザーグース復興

「富国強兵」のスローガンのもとで、国家主義がますます強化されていった第二次世界大戦中、敵性言語による敵性文化のマザーグースは、ほとんど忘れ去られたかのような状態が何年も続きました。

第二次世界大戦後

そして昭和二十年（一九四五）八月十五日、第二次世界大戦が日本の降伏によって終結すると、敗戦国民となった日本人の多くは、「鬼畜米英」といっていたアメリカ軍が進駐してくるというのでどんな非道なことをされるか分からない、女性は手当たりしだいに陵《りょう》辱《じょく》されるから山に逃げた方がよい、などとの流言も飛び交い、恐れおののいていました。

しかし、GHQ（アメリカを中心とした連合軍最高司令部）は、「非軍事化」と「民主化」

を基本政策とし、人道主義政策を数多く打ち出したので、恐れと敵愾心《てきがいしん》はかなり早く日本人の心から取り除かれていったのです。

そしてひとたび占領軍に対する恐怖心が取り除かれると、予想を上回って与えられた自由と民主主義を庶民にいたるまで謳歌《おうか》するようになるとともに、アメリカ兵たちの物質的な豊かさや冷蔵庫・洗濯機・自動車などの機械文明の恩恵に浴しているアメリカ的生活に憧れを抱くようになり、豊かな国アメリカ礼賛《らいさん》の風潮が色濃く見えるようになっていきます。

つまり、明治・大正期には、おもに中・上流階級に見られた西洋諸国への憧れが、第二次大戦後は底辺がさらに広がり、一般庶民のなかにも英語や西洋文化への憧れをもつ人たちが急速に増加していったのです。

それにともない、巷《ちまた》にも横文字が氾濫《はんらん》するようになりました。戦時中は排除されていた英語や外国文化に対して、程度の差こそいろいろありましたが、ある者は仕事の必要性から、ある者は将来性を見越して、また、ある者は強い興味から、猫も杓子《しゃくし》も「英語」「西洋文化」ともてはやす時代に突入していったのです。

イラストレーターの和田誠《まこと》氏が、自らマザーグースを訳した著書『オフ・オフ・マザーグース』（筑摩書房、一九八九年）の「ちょっと長めのあとがき」のなかで、そのころの状況を次のように述べています。

戦後の少年雑誌

小学校四年から六年にかけて「赤とんぼ」という少年雑誌をとっていた。終戦直後のこと、紙は悪いし、色刷りはないし、ページ数も少なかったが、内容の充実した雑誌だった。（「ビルマの竪琴」が連載されたのも「赤とんぼ」である）。この雑誌にときどき小さく、コラムのような扱いで、口調のいい面白い詩が載っていた。「よいこらどっこいすたこらしょ　浮かれた子猫のヴァイオリン　子牛は三日月とびこした」というのもあった。マザー・グースとは明記されていなかったと思う。（中略）とにかくマザー・グースと認識しないままではあったが、いくつかまとまった形で読んだ最初の経験である。

この少年雑誌『赤とんぼ』は、昭和二十一年（一九四六）四月から実業之日本社より毎月発行され、定価二円五十銭で販売されていました。当時、中央公論社の編集者として活躍していた藤田圭雄《ふじたたまお》（一九〇五〜九九）氏（六六ページ等参照）が、実業之日本社に移ってすぐに創刊した雑誌です。すぐれた編集者であるとともに詩人であり、児童文学に造詣《ぞうけい》の深かった藤田氏は、大佛次郎《おさらぎじろう》、川端康成《かわばたやすなり》、岸田国士《きしだくにお》ら当代の一流文学者たちを〈赤とんぼ会〉と称して参画させ、「赤い鳥運動」（五三・五四ページ参照）のような子どもの世界の文芸復興をめざしていたのです。

書き下ろしの童話や詩、西洋の名作児童文学の翻訳もの、「ローマ字の練習」と題するクロスワードパズルがあったり、第一号巻末の「みなさんとお話する頁」に「綴り方や画や詩や童話や、あなた方の手で作られたものがあったらどしどしと送って下さい。いいものはできるだけ誌面をさいてあなた方に提供します。われわれもあらゆる方面の方々にお願いしていい原稿をあつめ、一頁をも一字をも無駄なくあなた方のために本当によい雑誌を作ります。……」とあるように、川端康成選による読者の投稿作品が掲載されたりと、戦後すぐの五〇ページの小冊子にしては進取の気性に富み、バラエティーのある内容です。

『赤とんぼ』のなかのマザーグース

じつは、この『赤とんぼ』の第一号表紙の裏ページに、児童文学などに登場する猫たち何匹かの絵とともに、「マザー・グースより」とことわって、次の詩が無記名で登場しています。

プッスィー猫やプッスィー猫
お前はどこへ行きまする
私は都のロンドンへ
女王殿下にお目見得に

プッスィー猫やプッスィー猫
お前はそこで何をする
私はちびの鼠めを
お椅子の下でおどします

（原詩は六一・六二ページ参照）

このほか、筆名小言幸兵衛《こごとこうべえ》氏が生き方や社会のルールなどを描いているコラムのページに、内容を和《やわ》らげるためか、五月第二号には「もしも紳士に　なりたけれあ」「One《ワン》 two《トゥー》 three《スリー》 four《フォー》 five《ファイブ》」が、六月第三号には「よいこらどつこい　すたこらさ」「こうもり　こうもり」が、それぞれ挿絵とともに載せられています。

上　少年雑誌『赤とんぼ』（表紙）（実業之日本社，1946年 4 月，第 1 号）
下　同上（裏表紙）

よいこらどつこい　すたこらさ
浮かれた小猫の　ヴァイオリン
子牛は三日月　とびこした
小犬はゲラゲラ　笑ひ出す
お皿とおさじが　かけ出した
よいこらどつこい　すたこらさ

（原詩は八七・八八ページ参照）

和田氏が印象に残ったというのもうなずける、大変リズミカルな訳詩です。
昭和二十三年十月号を最後に、藤田氏は中央公論に戻るために『赤とんぼ』の編集長を退きますが、ほかにマザーグースはこの号までに、〝のがみ・あきら〟と明記された「雨　雨　行つちまへ」「子供は何で出来てるの」「ハバァドの婆さんとふしぎな犬」が掲載されています。野上彰《のがみあきら》（一九〇八〜五四）氏のこの三篇は、後で述べるように『世界童謡集』（一二二ページ参照）にもほぼ同じ形で登場していますが、無記名分の訳詩は、この『世界童謡集』に載せられている野上訳とはまったく異なっています。しかも、野上訳が原詩に即して比較的まじめな作風なのに対して、この無記名分はユーモラスでリズミカルなタッチなので、野上氏が訳したものとは違うように思います。またその作風から、コラム執筆者自身によるものともとうてい思えません。

誰の訳詩か気になるところですが、この五篇に関しては何も言及されていません。しかし、言及されていないからこそ、じつは藤田氏自身の訳詩ではないかと筆者は考えています。なぜなら、第一に、これだけ優秀な編集者が、訳者に対して無記名にするという失礼は自作品に対して以外には考えられないこと、第二に、藤田氏の創作詩にも同じようなユーモラスなタッチの詩がよく見受けられること、第三に、「中学生のころに丸善でマザーグースの絵本を買って楽しんだ」と筆者に話してくださり、マザーグースへの関心が子どものころからあった点などが理由として挙げられるからです。

いずれにしても、マザーグースは戦後一年たらずのうちに、少なくとも少年雑誌『赤とんぼ』をとおして、子どもの世界に復活していたことになります。

児童文学全集所収のマザーグース

戦後の混乱期が収まり、人々が少しずつ生活に余裕をもてるようになると、戦時中は暗闇のなかに閉じ込められていた外国の児童文学も、次々と日本の子どもたちに解放されはじめました。日本経済が高度成長期に入り、経済的に余裕が出てきた人々が増えてきたことや、高学歴志向が強くなってきたこととも呼応します。つまり、食べることに必死だった時代から、子どもの教育に大きな関心を寄せる余裕をもつようになった親たちが、自分のできなかったことを子どもたちに託す時代になっていったのです。

そんななかで、子どもたちの目を世界にむけさせたいと願う親が多かったこともあってか、昭和三十年代には世界児童文学全集が、各社から競って出版されていきました。そして世界の名作といわれる文学作品群のなかに、いろいろな国の童話・童詩の一つとして、マザーグースが紹介されはじめました。

昭和三十年（一九五五）出版の『世界童謡集』（西条八十ほか編『世界少年少女文学全集』第三二巻、東京創元社）では、詩人であり児童雑誌の編集者としても活躍していた野上彰氏が、英米編のセクションで七九篇のマザーグースを訳出しています。野上氏自身が巻末の解説で「なん年ものあいだ、この童謡集を一さつの本にまとめるしごとをつづけていて……」と述べているように、昭和二十一年（一九四六）の『赤とんぼ』六月号（前掲書）に初出の「雨　雨　行つちまへ」も、漢字が一部ひらがなに変わっただけで掲載されています。

昭和三十二年（一九五七）出版の、西条八十・サトウハチロー・野上彰・宅孝二《たくこうじ》・藤田圭雄編『マザア・グウスのうた』（『世界幼年文学全集』一二、宝文館）は、すべてピアノ伴奏がついた楽譜集になっています。しかし、全一〇〇曲のうち英米の子どもの歌と明記されているのは、わずか〝せかいの　どうよう〟の部二四曲中一一曲のみです。さらにそのなかで、明らかにマザーグースと思われる曲は「はな」「おねむりよ」「ろんどんばし」の三曲だけのうえ、このなかの「はな」「おねむりよ」は、明治時代の唱歌「故郷の空」などのように、メロディーのみ取り入れられ、マザーグースの原詩とはかけ離れた新しい日本語の歌詞がつけられています。

逆に、フランスの歌として載せられている藤田圭雄訳詩・宅孝二編曲「ほし」は、「ちら　ちら　ちらと／ふしぎな　いろで／おそらに　たかく／だいやの　ように／きら　きらと／きらめく　ほしよ」とはじまり、「きらきら星」として広く知られているマザーグース（原詩は二四・二五ページ参照）の訳詩であることは明らかです。じつは、現在イギリスやアメリカで「きらきら星」のメロディーとして定着しているものは、もとはフランスの子どもの歌のメロディーです。この本では編者がメロディーを重視したのか、マザーグースとして知られているものなのに、フランスの子どもの歌として扱われてしまいました。

また、「あかいとり　ことり」「ぞうさん」「かわいいかくれんぼ」など、戦前・戦後の日本の童謡が並んでいる〝ぴあのに　あわせて　うたいましょう〟の部には、明らかにマザーグース訳と分かる野上彰氏の詩「ちっちゃな　ぼう　ぴいぷ」に林光《はやしひかる》が曲をつけ、マザーグースとの関連は何もことわりなしに、あたかも日本の新しい童謡であるかのように混ぜられています。ですからこの童謡集には、マザーグース関連の歌は以上の五篇のみ収録されているということになります。

そして、この童謡集のタイトルの「マザア・グウス」あるいは「マザア・グウスのうた」という言葉は、「英米の」ということも「伝承童謡」ということも度外視して拡大解釈され、「子どもの歌の総称」として使われていることにもなります。近年、わらべうたを「日本のマザーグース」と表現するなど、「伝承童謡」または「遊び歌」の意味で「マザーグース」という言葉がしばしば使われていますが、単に「子どもの歌」を指す拡大解釈で「マザア・グウスのうた」という言葉が日本で使われたのは、おそらくこの本がはじめてではないでしょうか。

また昭和三十六年（一九六一）の『世界童謡集』（安藤一郎・佐藤義美編『世界童話文学全

集』第一八巻、講談社）には、英米編のなかに佐藤義美訳マザーグース二五篇が紹介されていて、「読書の手引き」には〝マザー・グースのうたの原本のとびら〟と断り書きのついた*LITTLE FOLKS' MOTHER GOOSE*（クリストファー・ルール絵、グロセット アンド ダンラップ出版、ニューヨーク）という本の表紙が掲載されています。そして昭和三十七年、『世界少年少女詩集　世界童謡集』（西条八十・山室静・与田準一編『少年少女世界文学全集』第五〇巻、講談社）にも、「男の子と女の子」（西条八十訳）、「空とぶおばあさん」「ハートのクイーン」「ボーピープちゃん」（以上福田陸太郎訳）のわずか四篇だけのマザーグースですが、外国編のイギリス編中に所収されています。

昭和四十二年（一九六七）出版の『少年少女世界の名作文学3　イギリス編1』（白川《しらかわ》渥《あつし》編、小学館）にはマザーグース単独のセクションが設けられており、翻訳家としても活躍していた児童文学者の内野《うちの》富男《とみお》（一九二〇〜）氏が五〇篇を訳出しています。

このように、紹介されているマザーグースの数は各全集によりまちまちで、野上彰、内野富男両氏が比較的まとまった数を訳出していますが、少ないものは数篇しか扱っていません。大正期に北原白秋・水谷まさる・松原至大・竹友藻風たちが一〇〇をはるかに超えるマザーグース訳を発表したころに比べると、まだまだ関心度が低かったことは否めません。

これら世界童謡集においてマザーグースの影を薄く感じるのは、多くの作品に編者あるいは選者として、西条八十がかかわっていることと関係があるのではないでしょうか。

編者・選者としての西条八十の影響

戦後団塊の世代の一員である筆者も、まさにこの児童文学全集全盛時代に小学生時代を過ごしており、講談社の『少年少女世界文学全集』が毎月配刊されるのを心待ちにしていた一人でした。現在でも当時手にした全集本が我が家の本棚に収められていますが、その第五〇巻（前掲書）には、八十が「英《えい》・米《べい》・仏《ふつ》の童謡《どうよう》について」という一文を、巻末の解説のなかに載せています。

そのなかで八十は、「イギリスがもっとも童謡集《どうようしゅう》というもののそろった国で、あの有名《ゆうめい》な伝承童謡集《でんしょうどうようしゅう》「マザー・グース」があり、ケンブリッジ大学《だいがく》版の「イギリス童謡集《どうようしゅう》」や、あの世界童話《せかいどうわ》の集成家《しゅうせいか》として有名《ゆうめい》な詩人《しじん》、アンドルー・ラングが編《あ》んだ「青い童謡《どうよう》の本」のようなまとまった書物《しょもつ》もある。また単行本《たんこうぼん》にしても、ロバート・ルイス・スチーブンソンの「子どもの歌《うた》の園《その》」や、クリスティナ・ロセッティの「うたい歌《うた》」、近《ちか》くは、ウォルター・デ・ラ・メアの「おさなき日の歌」、その他《た》のすぐれた、芸術的《げいじゅってき》な童謡集《どうようしゅう》がある」

とイギリスの子どもの詩の芸術性を高く評価している一方で、「イギリスあたりでは、童謡《どうよう》をナーサリー・ソングとか、ナーサリー・ライムズとよび、その中で、調子《ちようし》だけでおもしろくうたわせる歌《うた》——たとえば、わが国の「ずいずいずっころばし」のようなものをジングルスとよぶ。（中略）最近外国《さいきんがいこく》の童謡《どうよう》をあつめた書物《しよもつ》がいろいろわが国にも輸入《ゆにゆう》されてくるのを見る。だが、その大部分《だいぶぶん》は楽譜《がくふ》や絵入《えい》りの、いわゆるジングルス的《てき》な、ただ子どもをたのしませる童謡《どうよう》で、ほとんど芸術的《げいじゆつてき》な価値《かち》をもっていない。それで、そういう種類《しゆるい》のものは、わざとこの選集《せんしゆう》の中に入《い》れることをさけた次第《しだい》である」と述べています。

つまり、前章でも述べたように（九九ページ参照）、抒情性・芸術性を重要視した八十の目には、イギリスのすぐれた詩人たちの詩に比べて、素朴で大衆性の強い、音遊びの要素を多く含んだマザーグースは、あまり価値のないものと映っていたようですから、当然彼が関与した全集においてはその意向を反映して、マザーグースの数が少なくなりがちになったことは想像に難くありません。

『マザーグース童話』

昭和三十七年（一九六二）には、『マザーグース童話』（西条八十選『幼年世界名作文学全集』第五巻、小学館）というちょっと毛色の変わったマザーグースものが出版されています。八十が選者となり、選んだ三六篇のマザーグースを、八十の長女で童話作家・詩人としても知られる三井《みつい》ふたばこ（一九一八〜九〇）女史が訳したうえ、それぞれの詩に関連した「ちょっとしたお話」を付け加えています。

この本の解説のなかで三井女史は、「特にこの巻には幼稚園や小学校初級の読者にふさわしい純粋で、わかりやすく、そして美しい空想に色どられたうたが選ばれました」と述べています。当然、芸術的嗜好の強い八十の眼鏡にかなったマザーグースが選ばれているわけですし、訳詩もできるかぎり抒情性を重んじたものになっています。

しかも、解説の言葉からも分かるように、三井女史が付け加えた「お話」は原詩のマザーグースの世界を具現化しているというよりも、本来のマザーグースの詩には含まれていないような、かわいく、美しく、上品で、さらに叙情的な雰囲気と教育的配慮をも付け加えようとの意図が見られます。たとえば、よく知られている「ハンプティ・ダンプティ」（原詩は七七ページ参照）は、付け加えられたお話のなかではみんなから好かれた「たまごのいたずらっ子」として描かれており、駆けつけた王さまや兵隊が、こわれたハンプティ・ダンプティを見てオイオイ泣いたことになっています。そこには、マザーグースを前面に打ち出したものであるにもかかわらず、本来のマザーグースの面白さからは外れて、

西条八十選『幼年世界名作文学全集　5　マザーグース童話』（小学館）

八十の考え方が大きく反映されているのが見てとれます。

つまり、マザーグース復興の兆しは見えてきたものの、多かれ少なかれ、児童文学の世界で西条八十の影響が薄れるまでは、マザーグース本来の野放図で、たくましく、おおらかな生命力をもった訳詩、生き生きとした伝承の魅力を表現した訳詩が、大きく受け入れられるところまではいかなかったといえるのではないでしょうか。

さらなる詩人たちの挑戦

昭和四十五年（一九七〇）に八十が没したのと前後して、木島始《きじまはじめ》、谷川俊太郎《たにかわしゅんたろう》といった当時の若手の詩人たちにより、マザーグースに焦点を当てた作品集が登場するようになります。

昭和四十四年、アメリカ文学者・翻訳家であり詩人でもある木島始（一九二八〜）氏が、マザーグース絵本『イギリスのわらべうた』（さ・え・ら書房）を上梓《じょうし》しています。

木島氏は、その「あとがき」や『絵本のこと歌のこと』（木島始著、晶文社、一九七四年）のなかで、言葉の響きや音の魅力が命のマザーグースを日本語化して訳すことは絶望的であったとしながらも、「英語の響きがあまりにもすてきだと、それに引きずられてしまいそうで、手もつけられない」と思い、「英語のおもしろさにはとらわれないで、自分の心の眼にとにかくはっきりと鮮やかに映るもの」を大事に日本語化したと述べています。

木島始著，金子ふじ江絵『イギリスのわらべうた』(さ・え・ら書房)

そして、木島訳は次の「おばあさん」にしても、これまでのマザーグース訳が五七調やわらべうた調のリズムにとらわれがちだったのに対して、新鮮な躍動感があり、楽しさや広がりを感じさせます。

かごにのって　ひゅうい！
とびあがっていく　おばあさんがいた
月《つき》より　ずうーんと　たかいところ
九十九ばいも　たかいところ
どこへいくんですか　と
きかずにゃ　おれんかったわい
おばあさん　手《て》に
ほうきを　もっていたんだもの
おばあさん　おばあさん　おばあさぁーん
そんなに　たかぁく　どこいくんです？
「空《そら》から　くものす　はきおとすんじゃ！」

いっしょにいってもいいですか？
「いいとも　またこんどな」

There was an old woman tossed up in a basket,
Seventeen times as high as the moon;
Where she was going I couldn't but ask it,
For in her hand she carried a boom.
Old woman, Old woman, Old woman, quoth I,
Where are you going to up so high?
To brush the cobwebs off the sky!
May I go with you?
Aye, by-and-by.

（英詩拙註）

またこの絵本は、タイトルこそ「イギリスの」となっていますが、木島氏の専門分野と関連するアメリカの黒人伝承童謡なども入っています。新進の絵本画家であった金子ふじ江（一九四六〜）女史が絵を担当し、明るくおおらかで魅力的なタッチの絵が二九篇の詩につけられ、訳詩数こそ多くはありませんが、絵と訳詩が共鳴しあうような、日本における初期のマザーグース絵本の一つとなっています。

その翌年の昭和四十五年（一九七〇）には、マザーグース五〇篇を詩人の谷川俊太郎氏が訳出した『スカーリーおじさんのマザー・グース』（中央公論社）が出版されました。これは、アメリカの絵本作家リチャード・スカーリーが、登場人物をすべて動物で描いた、今日でもアメリカやイギリスで人気のマザーグース絵本の翻訳版です。

しかし谷川氏は、「マザー・グースを翻訳するってことには特に積極的な興味はもってなかった。むしろマザー・グース的なものの等価物を、日本語で書き下すことの方に興味があった」とし、この絵本の話には「多少ためらったけど結局ひきうけちゃった」（「無駄ばなし・マザー・グースと私」『英語展望』No.52 Winter、エレック出版部、一九七六年）と述べているように、マザーグース訳に対する関心はそれほどではなかったようですが、後に多数のマザーグース訳を手がけるきっかけともなり、第二次マザーグースブームの芽の一つがここにあったことになります。

そして、第二次マザーグースブームのもう一つの芽が、英語教育の観点からも登場するのです。

戦後英語教育におけるマザーグース

「マザーグースの伝来」と「マザーグースと詩人たち」の二章でふれたように、明治維新以降、西洋文化摂取の気概のある若者たちのあいだで英語に対する関心が高かったことや、英語教材としてマザーグースが使われた足跡は、あちこちで散見できましたが、義務教育の教科の一つとして英語があったわけではありません。

戦後の英語教育

しかし第二次大戦後には、昭和二十二年（一九四七）四月から六・三・三制に教育制度が改まり、新制の中学校まで義務教育が延長され、教科として英語も加えられることになりました。巷《ちまた》に英語があふれはじめたばかりでなく、選択科目としてではありましたが、義務教育に英語がとり入れられるようになったことは、日本の教育において画期的なことでした。

『昭和五〇年の英語教育』（若林俊輔編、大修館書店、一九八〇年）によれば、「敗戦、占領という政治社会情勢の下では必修科目になっても格別に奇異の感じを与えなかったかもしれないが、有能な社会人の育成を主目的とする義務教育では全国民に外国語を課す必要はないという見解」で英語が選択科目になりましたが、中学生のほぼ九九パーセントが英語を履修したそうですから、事実上の必修教科といってよいでしょう。

そして戦前と戦後の英語教育の大きな違いは、英文を読み解く教養中心のものから実用中心、音声言語重視となった点です。戦前・戦後と日本の英語教育界で活躍し、長く東京外国語大学の学長を務めた小川芳男氏は、『私はこうして英語を学んだ』（ティビーエス・ブリタニカ、一九七九年）のなかで、当時の教科書は会話重視、アメリカ英語の発音重視の姿勢が貫かれていると指摘していますし、当時のＮＨＫの英語放送についても言及しています。

ＮＨＫの英語放送

小川氏は昭和二十一年の四月から六年間、「基礎英語講座」を担当していました。そして、「昭和二十六年までは放送といえば半官半民のＮＨＫだけだったが、同年、民間放送が発足し、二十八年には、ＮＨＫ、民間放送ともテレビ放送を開始した記念すべき年である。民放ができるまでのＮＨＫの語学放送番組には午前六時からの私の基礎英語放送と、午後六時からの平川唯一氏の英会話放送の二つであった。（中略）私の放送は学校の英語教室の延長のようなものであった。一方、平川唯一氏はＮＨＫの海外放送の職を辞して、背水の陣をしいての放送で、一世を風靡《ふうび》した、カム・カム・カム・エブリボディというテーマソングは「しょうじょう寺」の曲にのり街にあふれ、カム・カム英語の出版社が設立するにいたった」（前掲書）とも述べています。

当時、教科書や小川氏の放送でマザーグースを使用していたことの確認はできませんでしたが、二〇年近く前、筆者は平川唯一《ひらかわただいち》（一九〇二〜九三）氏から直《じか》に、このＮＨＫラジオの番組内でマザーグースをよく紹介したことを伺いました。この番組は終戦直後の昭和二十年九月に開始し、平川氏は二代目の講師として翌昭和二十一年二月から昭和三十五年四月に松本亨《まつもととおる》氏に引き継がれるまで活躍されましたから、かなり戦後すぐからラジオの電波でマザーグースが紹介されていた可能性があります。

この番組の三代目講師松本亨（一九一三〜七九）氏もマザーグースを教材として放送に使用していたことは、その著書『英和対訳　マザー　グース童謡集』（三笠書房、一九六三年）のうしろに添えられた、次のような小川芳男氏推薦文から察することができます。

「マザー　グース童謡」は、欧米では、あらゆる子供に愛され親しまれている童謡集で、英語の美しいリズムをおぼえるのには最適のものであるが、日本人にはとりつきにくい点がある。それを今度ラジオ英会話の第一人者たる松本亨先生が新しい英語学習の立場からまとめて出版された。きけば先生はＮＨＫの英会話放送でこれを何度かとりあげられて、そのたびに、聴取者の大きな反響があったそうである。（後略）

松本亨のマザーグース副読本

『英和対訳　マザー　グース童謡集』は、学習者用に書かれています。そしてその「はしがき」には、この本の読み方として「第一にはなんといっても、欧米国民の昔から伝わる rhymes に親しみ、彼等の生活や考え方を知ることです。第二には英語そのものに親しむことです。うたをおぼえることによって英文学や英語の日常の会話にでてくることばやいいまわしを次から次へと習得することができます」と述べ、訳詩のほかに発音記号付の単語や熟語の註や簡単な詩についての解説があり、さらに、すべての詩に応用の例文をつけています。

松本氏は、この本のなかで六九篇、さらに続編ともいうべき『英和対訳　マザー　グース　ライム』（三笠書房、一九六六年）で七〇篇、計一三九篇のマザーグース訳を試みています。

ヒッコリ、ディッコリ、ドック、
はつかねずみが時計にかけのぼりました。
　時計が1時をボーンと打ちました。
　そしたらねずみが飛びおりて逃げました、
ヒッコリ、ディッコリ、ドック。

（原詩は八六ページ参照）

松本氏は、英語を学ぶときにはいっさい日本語訳や英作・文法を考えることなく、英語を直接英語のままで、つまり「英語で考える」教育方法を提唱していましたから、もちろん英語の弾むリズム感こそがマザーグースの魅力であることもよく分かっていたはずです。

しかしこの訳詩に見るように、松本訳は多かれ少なかれ、詩というよりも訳文、あるいは説明文の感があり、実際の英語の発音を聞かないかぎりマザーグースの楽しさを理解するのは難しいように思います。詩人の翻訳が、意訳になったとしてもマザーグースの本質的な広がりや言葉の弾み・リズムを表現しようとするのに対して、松本氏の後も多くの研究者がマザーグースの解説・研究とともに翻訳を試みていますが、どうしても逐語訳的な世界にとらわれがちになる傾向が見られ、残念です。

英語学習者を対象にした対訳マザーグース集としては、昭和四年（一九二九）出版の竹友藻風著『MOTHER GOOSE'S NURSERY RHYMES　英国童謡集』（一〇九・一一〇ページ参照）の後は、松本亨氏の前記二作品と昭和三十七年（一九六二）出版の『英・米わらべうた　まざー・ぐーす』（吉竹迪夫著、開文社）が続けて出されるまで、しばらく途絶えていました。

吉竹迪夫の訳註書

『英・米わらべうた　まざー・ぐーす』は、英文学者の吉竹迪夫《よしたけみちお》（一九一一〜七九）氏によって、『英和対訳　マザー　グース童謡集』（前掲書）の前年に出版されたものです。やはり、各詩には単語や文法的なことに関する註や、詩についての簡単な説明がつけられています。

吉竹氏はその「はしがき」で、洋書のマザーグース二、三冊を訳し、推敲《すいこう》するうちに五年過ぎ、訳詩として読まれそうなものは草稿の半分以下になり、さらにやや長いものを割《かつ》愛《あい》して六五篇を選んだと記しています。さらに、一一ページにわたるマザーグースについての解説の最後には、白秋著『まざあ・ぐうす』の「はしがき」から白秋の詩人としての自信を読み取り、「わたしにはそういう自信などは望むべくもなく、あるのはとぼしい詩《し》嚢《のう》ばかりだが、それでもやはり、詞句は口ずさみながら作っている」と述べています。

ありゃ　つんとん　ちんとん
　猫じゃ　猫じゃが　胡弓《こきゅう》をひいた、
め牛が　月をば　とびこえた、
　犬さん　それ見て
　大わらい、
お皿は　逃げたよ　匙《さじ》さんと。

（原詩は八七・八八ページ参照）

この訳詩からも分かるように、吉竹氏はマザーグースのもつ言葉のリズム感をなんとか訳詩に反映させようと心配《こころくば》りしており、しかも一四年後、昭和五十一年（一九七六）出版の『訳詞と解説　まざー・ぐーす［上巻］』（中教出版）では、次のように手直ししています。

ありゃ　つん　とん　ちん　とん
猫じゃ　猫じゃが　胡弓《こきゅう》をひけば
め牛が　月を　ぎゅうっと　ひと跳び、
あんまり　あほらし　犬さんは
わんわんわんと　おおわらい、
お皿は　匙《さじ》と　ずらかりにけり。

たしかに、リズムは後者の方が整っており、牛だから〝ぎゅうっと〟なのか、諧謔味《かいぎゃくみ》もでてきていますが、〝胡弓《こきゅう》〟、〝ずらかりにけり〟など、吉竹氏の訳は戦後の作品とは思えないような言葉の古臭さを感じさせるのがもったいない感じがします。

さらに、『英・米わらべうた　まざー・ぐーす』で取り上げたものにプラスして、『訳詞と解説　まざー・ぐーす』では訳出数をぐんと増やしており、翌年出版の下巻と合わせると一八六篇のマザーグースを取り上げています。

前者がこれまでの英語教材の流れを汲んだ注釈付詩集だったのに対して、後者は、各詩についてオーピー夫妻の『オックスフォード版伝承童謡辞典』（一一・一二ページ参照）など英語研究書の諸説を紹介したり、類似している日本のわらべうたを引き合いに出したり、その詩を載せた絵本の絵を比較するなど、当時としては本格的なマザーグース解説書の登場といえましょう。

本格的研究を啓発した平野敬一

『訳詞と解説　まざー・ぐーす』のような、マザーグース各詩についての本格的な解説書が登場した背景には、昭和四十七年（一九七二）、英米文化を理解するための必須領域であるマザーグースの重要性を指摘した『マザー・グースの唄　イギリスの伝承童謡』（平野敬一著、中央公論社）出版による大きな影響が見てとれます。

英文学者であり東京大学教授であった平野敬一（一九二四〜）氏は、米国カリフォルニア州生まれで、マザーグースを英語圏の文化として自然に吸収していた自らの体験から、マザーグースの知識の欠落を「おそらく私たちの英語理解や英文学鑑賞などに大きなマイナスとなって作用しているのではないか」と危惧《きぐ》し、「イギリスの伝承童謡は、わが国では、なんとなく学習や研究の盲点になっているという状況なのだが、英語国民の意識形成や言語表現にこれほど大きな役割をはたしてきたものを、無視することはないように思わ

平野敬一著『マザー・グースの唄　イギリスの伝承童謡』（中央公論社）

れる」（『マザー・グースの唄　イギリスの伝承童謡』、前掲書）と述べています。

この書は、中公新書として出版されるや否や驚異的な売れ行きで、たちまちのうちに版を重ね、英語に興味のある人や英語の専門家ばかりでなく、一般人にもマザーグースへの興味を掻《か》き立てることになります。

たしかに、吉田新一氏の書評にある「英語わらべ唄ははたして日本語になりうるかどうかという根本問題を無視している。その他にも、英語圏のわらべ唄がもつ英語としての面白さや意味、さらにまた、英米の文化や日常生活とわらべ唄との結びつきなどを、ほとんど論じていない」（『英語研究』第六一巻第二号、研究社、一九七二年）との意見や、アン・ヘリング女史の「文献主義的な扱いに終始している」「日本で広く滲みわたっている英語圏のわらべ唄にたいする誤解（あるいは、偏見というべきかも知れない）のいくつかは、平野氏の「マザー・グースの唄、イギリスの伝承童謡」の題名に、凝縮した形であらわれている。つまりそれは――　一、「マザーグース」＝日本流の観念にある「英米わらべ唄」と実際にはかならずしも一致しない。　二、「唄」＝日本語で便宜的にそういう名称がついていても、かならずしも「うた」ではあるまい。　三、「わらべ」＝英語圏では「お子様用」とは限らない。　四、「イギリス」だけのものではなく、英語圏一般にあてはめるべきものであろう。　五、「伝承」性とはなにか。英語わらべ唄における伝承性は、まだ日本では完全に理解されているとは言えない」（「英語圏のわらべ唄（3）」『あんさんぶる』一二巻八号、音楽之友社、一九七二年）との指摘は妥当と思われます。

それでもこの書は、マザーグースの広い世界への入門書として、また本格的マザーグース研究への啓蒙書《けいもうしょ》として大きな役割を担いました。そして、多くの詩人や画家にも一般読者にも多大な影響を与え、谷川氏のマザーグース訳への取り組みとともに、第二次マザーグース・ブームの大きなもう一つの芽となっていったのです。

第二次マザーグース・ブーム

谷川俊太郎《たにかわしゅんたろう》、木島始《きじまはじめ》らの新しい感覚によるマザーグース訳の発表や、『マザー・グースの唄　イギリスの伝承童謡』（前掲書）の爆発的な人気などにより、大正時代のマザーグース・ブームよりも、年齢的にも広

新たなマザーグース・ブーム

く、多様なジャンルでのマザーグース・ブームが起こりました。

研究者によっては、昭和五十一年（一九七六）の谷川俊太郎訳『マザー・グースのうた』（第1集〜第5集、草思社、一九七五〜七六年）の出版を契機とする考え方もありますが、このブームはすでに平野敬一氏による前掲書が導火線となり、昭和四十七年（一九七二）にははじまっていたと考えてよいのではないでしょうか。

翌昭和四十八年発行の『ユリイカ　詩と批評』十月号（青土社）では、六五ページにわたって「特集　まざあ・ぐうす」の記事が組まれ、ナンセンスとわらべうたの観点から、座談や寄稿、一二篇のマザーグース（谷川俊太郎訳、和田誠絵）などが載せられており、取り上げられ方からみても、すでに新たなマザーグース・ブームがはじまっていることを思わせます。そのほかの雑誌でも、「増頁特集・マザー・グース」（『現代詩手帖』三月号、思潮社、一九七六年）や、『日本児童文学別冊　マザー・グースのすべて』（ほるぷ出版、一九七六年）、「【特集】　マザー・グースのすべて」（『英語展望』No.52 Winter、前掲書）など、次々と特集が組まれ、マザーグースへの関心の高さがうかがわれます。

そして平成にかけて、すべてひらがな書きにして現代の息吹を吹きこんだ谷川俊太郎訳、独特の雰囲気をかもしだしている寺山修司訳、韻にこだわり、原詩のもつ軽妙な味を日本語で再現しようとした和田誠訳……など、現代感覚での新たなマザーグース訳がいろいろ発表されたり、大正時代のマザーグース作品を再編集した出版物や復刻版も登場するようになります。その頂点の一つが、詩人谷川俊太郎氏による草思社版『マザー・グースのうた』（前掲書）でしょう。

谷川俊太郎訳『マザー・グースのうた』

谷川俊太郎（一九三一〜）氏がマザーグース訳に本格的に取り組んだのは、『スカーリーおじさんのマザー・グース』（一三四ページ参照）ですが、絵本ジャーナル『ピー　ブー』一五「特集〈マザー・グースの世界〉座談会」（ブックローン出版、一九九四年）でご一緒の折に、「母親が同志社の出で、僕が小さい頃に〝トゥインクル　トゥインクル　リトル　スター〟や〝メリーさんの羊〟などを、よくピアノを弾きながら英語で唄ってくれたし、アルス児童文庫に入っていたマザーグースも読んでいた。とにかく自分でも気がつかないうちにマザーグースがどんなものか、おぼろげながら分かっていましたね」と話され、マザーグースとの接点は幼い時にあり、その精神は谷川氏のなかですでに熟していたことを知りました。

大ヒットとなった草思社版『マザー・グースのうた』には一七七篇収録されていますが、谷川氏はその第1集（一九七五年）の「あとがき」で、「いわゆるマザー・グースの訳詞を、日本語による作品としてよんでいただく気は、ぼくにはあまりないんです。紹介のためのひとつの資料をつくりたい、そういう気持でぼくは訳を始めたんです。まあ簡単に言ってしまえば、翻訳不可能なものがほとんどですからね。ただそうは言っても、日本語にする以上は読んで楽しいし、分かるものにしたいとは思いました。その意味ではこれらはぼく

谷川俊太郎訳，堀内誠一絵『マザー・グースのうた』
第１集〜第５集（草思社）

の解釈したぼくのマザー・グースです」と述べ、英語のリズムや韻は翻訳不可能であることを明示しています。

そのうえで、訳すときの方針として「できるだけ、それを読んだ子どもたちが、英語では歌えないにしても、日本語で歌える、あるいは遊べる、体が動かせるものにしたかった。今の子どもたちにピンと来るような現代的な言葉にして、しかも、日本の場合には、韻文というと、どうしても七五調中心にしか訳せないから、七五を中心にした一種のリズムを出そうと。そのために、全部平仮名で訳そうということは、最初から考えていたんです」(『ピー　ブー』、前掲書）と述べていますが、次の訳詩でも分かるように、同じ七五調中心でも、白秋や藻風とは違ったモダンな谷川俊太郎の世界が感じられます。

ねこ　ねこ　こねこ　どこにいた?
じょおうみたさに　ロンドンへ
ねこ　ねこ　こねこ　なにをした?
ぎょくざのしたの　こねずみを　びっくりぎょうてん　させてきた

(原詩は六一・六二ページ参照)

当初、草思社版は昭和五十年（一九七五）七月に一冊だけ出版の予定でしたが、ヒットしたために翌年九月にかけて次々と第5集まで出版されました。草思社版が日本翻訳文化賞を受賞したのも弾みとなり、講談社文庫『マザー・グース』1～4（谷川俊太郎訳、一九八一年）ではその収録数を三三六篇（草思社版、その手直し分を含む）とし、これまでの最多収録の『諸国童謡集』（一〇四～一一〇ページ参照）を上回ることになります。谷川氏は「訳詩に当たっては誤訳を避けるよう、はじめから平野敬一氏に目を通してもらってきたが、これ以上訳すのはもう御免」（『ピー　ブー』、前掲書）とのことでしたから、谷川訳がこれ以上増えることはなさそうです。

谷川俊太郎ブーム？

平野氏は『マザー・グース　その世界』（すばる書房、一九七六年）のなかで、このマザーグース・ブームについて「イギリスの伝承童謡であるマザー・グースが日本でちょっとしたブームになっているといわれてから大分たつ。（中略）実態はマザー・グースブームというより谷川俊太郎ブーム（こういう表現を使った週刊誌もあった）、あるいは谷川・堀内というコンビのブームという方があたるのではないかと私は思った」と述べています。しかし、これは平野氏が自分の功績を謙遜し、過小評価していると筆者には思えます。

付表2（巻末）は、昭和四十五年（一九七〇）から昨年（二〇〇〇）までに出版されたマザーグース関連の単行本などを、筆者の分かるかぎりまとめた一覧です。この表を見ると、草思社版が第3集まで出版された後、ぐんとマザーグース関連本が増えていきます。たしかに一見、谷川氏の草思社版がブームの大きなきっかけになっているように見えますが、当の谷川氏自身も平野氏の著作（一九七二年）を参考にし、啓発されたと述べていますし、すでに一般読者にも平野氏の著作によりマザーグースへの興味が喚起されていたからこそ、草思社版第1集の大ヒットにつながっていったのではないでしょうか。

そして、谷川訳だけがもてはやされるのではなく、翌年五月には、近年まで多くの版を重ねてきた白秋訳復刊版『まざあ・ぐうす』（角川文庫）が登場し、その後も谷川草思社版が第5集まで出版される間をぬって、岸田《きしだ》理生《りお》（一九五〇〜）訳『マザーグースの絵本』（新書館、一九七六年）ⅠからⅢまで三冊が出版され、これも版を重ねていました。この『マザーグースの絵本』は、イギリスでも人気の高いケイト・グリーナウェイ（八ページ参照）の詩画集を底本として、親しみやすい岸田訳マザーグースやその解説とともに、岸田女史自作の詩・エッセイなども加えられ、若い女性が好みそうな楽しい本になっています。岸田女史も子どものころから、少し風変わりな子どものための詩がたくさんあるマザ

北原白秋訳『まざあ・ぐうす』（角川文庫）

岸田理生訳，ケイト・グリーナウェイ絵『マザーグースの絵本』Ⅰ～Ⅲ（新書館）

ーグースが好きだったこと、本の出版にあたって松本亨・平野敬一両氏のマザーグース論を参考にしたことを、『マザーグースの絵本II』（新書館、一九七六年）の「あとがきふうに」で述べています。

さらに、『マザーグースの絵本』もある種の翻訳絵本といえますが、この年から『マザー・グース　イギリスのわらべうた』（平野敬一訳、ほるぷ出版、一九七六年）など、いろいろな訳者による翻訳絵本が出版されるようになります。また、その後のマザーグース関連本にも、多かれ少なかれ平野氏の著作の影響が見られるものが非常に多いのです。ですから前にも述べたように、この第二次マザーグース・ブームは単に谷川俊太郎ブームではなく、平野氏と谷川氏の著作が相乗効果となって起こったブームといえるでしょう。

翻訳絵本

西欧の多くの画家たちがそれぞれ個性的なマザーグースを描いた絵本を出版し、長く愛されてロングセラーになっているものがたくさんあります。マザーグース・ブームにより、多くのすぐれた翻訳絵本が日本の子どもたちに手渡されるようになったことは大変喜ばしいことですが、そのなかでも出色は寺山修司《てらやましゆうじ》訳『マザー・グース』（アーサー・ラッカム絵、新書館、一九八四年〈分冊1〜3、一九七七〜七八年〉）でしょう。

アーサー・ラッカム絵，寺山修司訳『マザー・グース』（全１巻）（新書館）

演劇界の鬼才といわれ、劇作家でありすぐれた詩人であった寺山修司（一九三五〜八三）氏は、その前書き「マザー・グースの翻訳しながら」のなかで、散文の翻訳と違って詩の場合は「意味伝達」が目的ではないのだから意訳を良しとし、「「合作者」になって作り直すことが、訳のたのしみということになるのではないか」と述べています。この絵本には、彼一流の想像力を駆使した個性的な訳が随所に見られますが、次の詩もそんな一つです。

バスケットにまたがったお婆さん
お月さまより十九倍も高くとんだ

どこへゆくの　婆さん？
ときいてみたら
ホウキを見せびらかして
お月さままで
すすはらいにいってくるよ

と言った

いっしょに行っていい？
ときくよりさきに

あっというまに
小さくなった

（原詩は一三三ページ参照）

〝ホウキを見せびらかして〟・〝ときくよりさきに／あっというまに／小さくなった〟などは、原詩にはない表現ですが、臨場感あふれる訳詩になっています。

異常なほどのマザーグース・ブームは、昭和五十年代半ばころには沈静化の傾向にありましたが、その後、英語教育や研究テーマとして取り上げられることも多くなったためか、日本でのマザーグースは落着いた雰囲気のなかで定着しはじめてきています。

だからでしょうか、寺山訳のラッカムの絵本の後も、ニコラ・ベーリー（由良君美訳）、ピーター・スピア（渡辺茂男訳、鷲津名都江訳）、モーリス・センダック（神宮輝夫訳、北村太郎訳、平野敬一訳）、アーノルド・ロベル（岸田衿子訳、三木卓訳）、ポール・ガートン（中山知子訳）、レイモンド・ブリッグス（百々佑利子訳）、シャーロット・ヴォーク（ぱくきょんみ訳）、アイアン・ベック（河野一郎訳）、ブライアン・ワイルドスミス（石坂浩二訳）、ターシャ・テューダー（山田詩子訳）などのマザーグース絵本が今日まで次々と出版され、マザーグースの世界の拡がりを示してきました。

翻訳絵本ばかりでなく、マザーグースは日本の画家やイラストレーターたちにも大きな刺激を与えています。

マザーグースと日本の画家たち

古くは竹久夢二が、自分の詩画集にマザーグースの訳詩とともに挿絵を描いていますが（五七ページ参照）、特に第二次マザーグース・ブーム前後から、個性豊かな日本発のマザーグース絵本や訳詩集の挿絵が登場しています。

木島始訳『イギリスのわらべうた』（前掲書）には、当時新進女流画家であった金子ふじ江（一九四六〜）がおおらかなタッチで絵をつけていますし（一三一ページ参照）、谷川訳の挿絵では、オーソドックスな絵解きをしている草思社版の堀内誠一（一九三二〜八七）氏と（一四九ページ参照）、独特な線画で面白味を出している講談社版の和田誠（一九三六〜）氏（左ページ参照）が競作しています。和田氏はすでに『ユリイカ』（前掲書）で谷川

谷川俊太郎訳，和田誠絵『マザー・グース』１～４（講談社文庫）

氏とコンビを組み、一六ページにわたりマザーグースを描いていますし、この講談社版で大量にマザーグースと接したことがきっかけで、のちに自分でもマザーグース訳を試みることになるのです（一六七・一六八ページ参照）。そして、白秋訳『まざあ・ぐうす』（角川文庫、一五三ページ参照）には鈴木康司《すずきこうじ》（一九四八〜）氏が自由な発想でシュールなマザーグースの世界を描き、新しさを加味しています。

矢川澄子訳『マザーグース　ファンタジー』（すばる書房、一九七六年）には、銅版画家の東逸子《あずまいつこ》（一九五三〜）女史が登場人物をみな妖精風の少年少女に変身させ、なかでも、透けた卵の中に妖精風なハンプティ・ダンプティを描くなど、独特なファンタスティックな世界を描き出しています（左ページ参照）。そして、アン・ヘリング編訳『ハンプティダンプティの本』（集英社、一九八〇年）では、「童画」の名称の創始者で一世を風靡《ふうび》した武井武雄《いたけお》（一八九四〜一九八三）氏が、大正時代の少女雑誌の挿絵を彷彿《ほうふつ》とさせるような懐かしい雰囲気をもったマザーグースを描いています（一六三ページ参照）。

また、『マザー・グース　その世界』（前掲書）の〝マザー・グース　アンソロジー〟には、谷川訳に安野光雅《あんのみつまさ》（一九二六〜）氏がユーモラスな絵をつけていますし、矢川訳には絵本作家の佐々木マキ、新倉俊一訳にはクロイワカズ、渥美育子訳には星野勝成、藤富保

左　東逸子銅版画，矢川澄子訳『マザーグース　ファンタジー』(表紙)
下　同上，pp.18,19「ハンプティダンプティ」

男訳には尾崎真吾、白石かずこ訳には湯村輝彦、そして木島訳には前述の絵本と同じ金子ふじ江といったコンビたちが登場し、競ってマザーグースを描いています。

さらにこの本には〝珍釈マザー・グースのうた〟として、挿絵・風刺画家の山藤《やまふじ》章二《しょうじ》（一九三七～）氏が、松下幸之助と「かねもちになりたいひとは」（左ページ参照）、江夏豊と「ひねくれおとこがおりまして」、輪島功一と「パンチとジュディ」など、谷川訳マザーグース八篇を使ってユーモラスに描いた人物戯評（『オール読物』一九七六年四月号）を転載していますが、その組み合せが絶妙です。

また、マザーグースの不思議で想像力を掻きたてられる世界は、戦後第二、第三世代のイラストレーターたちにとっても魅力的のようで、第二次マザーグース・ブーム以降、自分独自の絵の世界をマザーグースのなかに開花させてきた人たちもあります。

その代表は、絵本も多数制作しているひらいたかこ（一九五四～）女史でしょう。彼女の場合は訳詩も自分で手がけ、『マザーグース・ショーケース』（東京創元社、一九八七年）、『ディア　マザーグース』（架空社、一九九〇年。一六五ページ参照）など、色彩豊かで、現代的センスをもち、大人の絵本の雰囲気をたたえたマザーグース詩画集を、何冊も発表しつづけています。

アン・ヘリング訳，武井武雄絵『ハンプティダンプティの本　イギリス・アメリカのわらべうた』（集英社）

平野敬一編『マザー・グース　その世界』
（山藤章二：珍釈マザー・グースのうた）

その後、一九八七年に「マザーグース特集」（『ＭＯＥ』白泉社）の表紙を手がけ、以後マザーグースにのめりこんでいったのが宮崎照代《みやざきてるよ》（一九六一～）女史です。一九九三年十月から一年間、彼女の描く絵と訳詩に筆者が解説をつけた『ＭＯＥ』連載の「マザーグース劇場」をとおして、ひらい女史とはまた違った、彼女のマザーグース・ワールドを筆者は堪能しました。宮崎女史の絵は、マザーグースとは異質とさえ思える深い色の組み合せが魅力的な、摩訶《まか》不思議の世界を描き出しています。そのときの作品を中心として、自分で文をつけてまとめたものが『マザーグース　英国飛行』（白泉社、一九九五年）です。

西欧の多くの画家やイラストレーターたちがマザーグースを好んで描くように、今後、日本のイラストレーターや画家たちも、自分の世界をマザーグースをとおして表現することが、ますます多くなるのではないでしょうか。

さらなる個性的翻訳

長谷川四郎《はせがわしろう》（一九〇九～八七）訳『マラルメ先生のマザー・グース』（ステファヌ・マラルメ著、晶文社、一九七七年）は、寺山修司訳に負けず劣らず個性的な訳で、不思議な魅力のある翻訳書です。この本は、フランス象徴詩の大家として知られるマラルメ（一八四二～九八）が、英語教師としてパリの学校で十二歳くらいの生徒たちに授業をしたときに読本として使った講義内容の遺稿で、マザーグ

上　ひらいたかこ著『ディア マザーグース』(架空社)
下　ステファヌ・マラルメ著，長谷川四郎訳『マラルメ先生のマザー・グース』(晶文社)

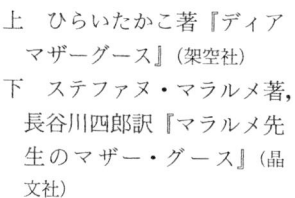

ースの英詩一つ一つにマラルメによるフランス語の短い文章がついている元原稿を、半分ほど長谷川氏が訳したものです。

ヘーイ　ディドル　ディドル
猫がバイオリン
ひっさげて
キーキーキー
牝牛が月をとびこえて
犬ころそれ見て笑いこけ
お皿がスプーン追っかけて
トントコトントコ
かけてった

(原詩は八七・八八ページ参照)

この詩には、「なんて奇抜な絵だろう。ごらんよ、この猫、バイオリンひいてるよ。ここではお月さんの上を牝牛がとびこえ。おかしくて大笑いする小犬と、ぼくは同じになる。

こんな光景をながめていると、いろんな考えが浮んできて、追いかけっこするようだ、この歌の中でスプーンのあと追っかけてお皿が走っていくように。——ヘーイ　ディドル　ディドル！」というマラルメの文が続いています。

長谷川訳はこの詩からも分かるように、全体をとおして、とてもリラックスした、親しみのあるやわらかな語調で書かれています。フランスの本の翻訳だからではないでしょうが、ちょっとワインが軽く一杯入っているようなマザーグース訳です。

和田誠訳『オフ・オフ・マザー・グース』（筑摩書房）

さて、白秋をはじめとして、マザーグース訳を試みてきた多くの人たちは、マザーグースのリズムや押韻《おういん》のおもしろさを、翻訳でどう取り扱うかに腐心してきました。

和田誠訳『オフ・オフ・マザー・グース』（二一六ページ参照）、『また・マザー・グース』（筑摩書房、一九九五年）は、このマザーグースの韻の魅力にこだわって訳を試み、かなり成功しています。

丘のふもとにばあさんが
　住んでたよ　じっと
どこかに行ってしまわなきゃ
　まだ住んでるよ　きっと

There was an old woman
　Lived under a hill,
And if she's not gone
　She lives there still.　（傍点筆者）

この訳は、原詩にはない〝じっと〟〝きっと〟という、うまく韻を踏んだ言葉を付け加え、原詩の押韻個所〝ヒル〟〝スティル〟と合わせており、とてもよくできている例です。

しかし、なかには英詩の押韻個所と日本語訳の押韻個所を合わせるために、原詩の意味からかなり外れてしまっているものもあります。そこで原詩を知らない人が、はじめて触れたマザーグースが押韻の面白さを出すために意訳されすぎたものだったときに、それを本来のマザーグースであると思い込むと大きな誤解を生じます。英米人の常識、共通認識としてのマザーグースと異なるわけですから、異文化理解の観点からは難しいところです。

麻田まさと訳『ねこばん　まざあぐうす』（葦書房、一九九四年）も、その「あとがき」

で「可能な限り原詩の音・リズムを日本語に生かそうと努めたうえで、おおむね七五調を基本とした」と述べており、もともと洒落《しゃれ》や回文などの言葉遊びが大好きな訳者の面目躍如たる作品となっています。同じ音韻重視の訳でも、非常に現代的な感覚でひねった訳になっていますが、ここでもどこまで内容の改変が許容されるかということに関して、和田訳と同種の問題をはらんでいます。

そのほか、ちょっと古風で懐かしい趣のある、わらべうた風のアン・ヘリング訳（前掲書）、原詩のリズムを伝えることを第一に考えたというだけあって、堅苦しさのない河野一郎訳（『対訳　英米童謡集』岩波文庫、一九九八年）、やはり原詩のリズム感、口調の良さを大事にし、落語もどきもあれば方言調も飛び出すという言葉遊びの精神いっぱいの中山克郎《かつろう》訳（『もうひとつのマザー・グース』東京布井出版、一九八一年）、曲のあるものにはできるだけ原曲の楽しいリズム、英語の弾んだリズムが感じられるよう心がけた拙訳（『マザー・グースをたずねて』筑摩書房、一九九六年ほか）、また最近秋田弁などの方言でマザーグース訳を試みようという動きもあり、時代とともに、これからも個性的な訳が次々と生みだされることと期待しています。

付表2（巻末）には、訳詩集や一般絵本に混じって料理絵本や写真絵本も見られますし、日本人の作曲家がメロディーをつけているマザーグースの楽譜集や、日本人の作家によるマザーグースを使った推理小説も登場しています。そして当然の成り行きながら、カセットテープやCD、ビデオテープなどがついた多彩な英語教材も発売されていることが分かります。

また、少し毛色の変わったところで、マザーグースをクロスステッチで刺繡《ししゅう》してしまうという手芸本『マザーグースのクロスステッチ』（松本和子著、主婦と生活社、一九九二年）や、マザーグースに登場するお菓子を宮川敏子女史が指導する『マザーグースのお菓子と絵本』（立風書房、一九八七年）などの料理本、英文タイプアルファベットのデザインや大きさを示す英字級数表にマザーグースのフレーズを使った『マザーグースのタイプ・スペサマン・ブック』（出原速夫編、メディアファクトリー、一九九九年）も登場し、マザーグースが多様な分野に顔を見せはじめていることを示しています。

昭和五十年代半ばには第二次マザーグース・ブームも落着きを見せはじめましたが、ブームが過ぎてもなお今日にいたるまで、マザーグース関連の出版物が途切れずに続いてきていることは付表2が示しているとおりです。そしてさらに、付表2には現われてこない思いがけない分野にまで、マザーグースは日本での裾野を確実に拡げてきているのです。

マザーグース受容の多様性

コミックスとマザーグース

コミックスへの登場

付表3（巻末）は、コミックスのなかに登場したマザーグースと、そのマザーグースが各作品のなかでどのように扱われているかを示したものです。

この表を見ると分かるように、第二次マザーグース・ブームに呼応するように、コミックスにもマザーグースが登場するようになります。平野氏は「萩尾望都《はぎおもと》という女の子の間で人気のある漫画家も、その作品にマザー・グースを取り入れてマザー・グースの普及（あるいは流行）に一役買っているということだし……」（『マザー・グースその世界』、前掲書）とも述べています。

その萩尾望都（一九四九〜）女史は、昭和四十七年（一九七二）から五年間にわたり、代表作の一つであり爆発的な人気を呼んだ、『ポーの一族』を発表しています。

『ポーの一族』はイギリスを舞台に、永遠に年をとらない吸血鬼の少年パンパネラを主人公にした壮大なロマンを描いた物語です。若い読者のなかには、話の軸に「だれが殺したクック・ロビン」（原詩は五八ページ参照）を使った「小鳥の巣」を読み、マザーグースを知った人も多いようです。萩尾女史はこのほかにも、いろいろな場面、多様な手法でマザーグースを使い、さらにその英詩や日本語訳を手書きにして際《きわ》立たせ、印象づけています。

萩尾女史は、草思社版『マザー・グースのうた　第4集』（前掲書）付録「クック・ロビンは一体何をしでかしたんだ」という一文のなかで、平野氏の『マザー・グースの唄　イギリスの伝承童謡』（前掲書）を読み、マザーグース愛好家になったと述べています。

さらに女史は、昭和四十八年後半にイギリスで約五ヵ月間ホームステイした経験からも、マザーグースへの関心は深く、作品中でのマ

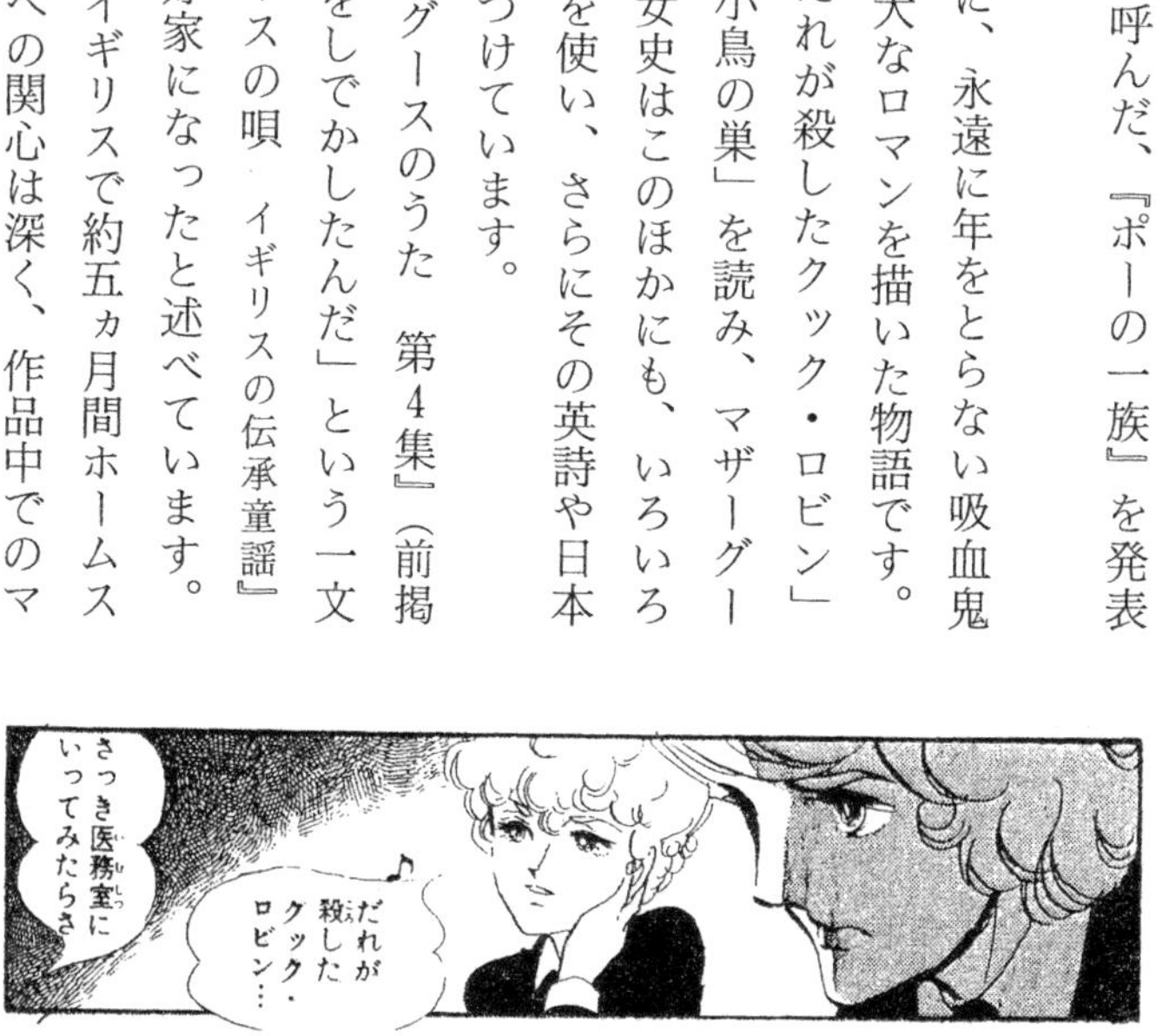

萩尾望都著『ポーの一族』「小鳥の巣」（©萩尾望都，小学館文庫）

ザーグースの使い方は、かなり英語圏の人たちの生活感覚に近いものとなっています。
スケバンシリーズで人気を得た和田慎二《わだしんじ》（一九五〇〜）氏も、萩尾女史と同時期にマザーグースを自分の作品のなかで使っていますが、和田氏の場合は作品の最後に、その内容の雰囲気と合致するようなマザーグースを一つだけ象徴的に、英語のまま、ときには白秋訳を添えて載せています。

その後も、親に捨てられた四人の子どもの放浪生活を描いた『はみだしっ子』シリーズ（三原順《みはらじゅん》作、白泉社、一九七六〜七九年）、ヴィクトリア女王統治時代に生きる魔法使いの女の子デイジーの冒険を描いた『ハッピー・トーク』（岡野史佳《おかのふみか》作、白泉社、一九九〇年）、毒薬収集の趣味をもつ若き伯爵カインに絡むミステリー『伯爵カイン』シリーズ（由貴香織里《ゆきかおり》作、白泉社、一九九三年）など、イギリスを舞台としたコミックスにマザーグースが登場しています。また、成田美名子《なりたみなこ》（一九六〇〜）女史の「ワンダーランド」（『ララ』三月号、白泉社、一九七八年）は、マザーグースを歌うことと妖精を信じることを忘れた未来社会が舞台で、イギリスとは明言されていませんが、イギリスの匂いが濃い物語のなかでマザーグースが登場しています。

そして三原順（一九五二〜九五）女史の場合は、作品中にビートルズやピーター・ポール&マリーの歌も、ローマ字書きにした日本の子どものうたも、マザーグースと同じような扱いで登場させていますから、単に英語の歌の一つとしてマザーグースを用いているだけのようですし、由貴香織里女史の場合は、おどろおどろしさを増幅させるものとしてのみマザーグースをとらえています。

一方、萩尾・岡野・成田の三女史においては、イギリスの生活に密着したマザーグース本来の姿を、かなり理解したうえで用いているように思われます。特に岡野女史は、日本人が混同しがちな、『不思議の国のアリス』（ルイス・キャロル作、一八六五年）でパロディー化されたマザーグースの姿と本来のマザーグースとを、しっかり使い分けています。

また『バビロンまで何マイル？』（川原《かわはら》泉《いずみ》作、白泉社、一九九一年）では、物語中にマザーグースはまったく出てきませんが、内容を暗示するタイトルにマザーグースが使われています。

そして異色なのは、魔夜《まや》峰央《みねお》（一九五三〜）氏の人気ギャグ作品『パタリロ』（白泉社、一九七九年）のシリーズです。このシリーズは、昭和五十三年（一九七八）以降断続的に今日まで続いている、不条理ギャクを駆使したドタバタコミックスで、主人公は二等身でしもぶくれの少年、マリネラ国王パタリロ。どの話も、パタリロがいろいろな事件をコミカルに解決していく筋立てです。

その第一五作「パタリロ7世と8世」のなかで、「最近開発したクック＝ロビン音頭だ激しい驚きを表現する時に使う」というパタリロの言葉とともに、内容とはまったく関係なく〝クックロビン音頭〟が突如登場します（左ページ参照）。そして、この音頭が以後シリーズ中でたびたび使われることになるのです。この漫画は、昭和五十七年にテレビアニメ化、そして翌年劇場化されて、パタリロがくちずさむ〝だーれが　殺した　クック　ロービン〟という〝クックロビン音頭〟の言葉は、当時の流行語にもなり、若者の間に浸透しました。

ちょうどイギリスで、チャップブック（四五ページ参照）によって多くのマザーグースが拡まっていったように、大衆文化・若者文化のなかでも、マザーグース認識の裾野が拡がっていったのです。

日本人のマザーグース認識パターン

これまでに述べてきたように、マザーグースのコミックスへの取り上げられ方や、漫画家たちのマザーグース認識度には、かなりの温度差があります。そしてここに、日本人のマザーグース受容パターンの縮図を見ることができ、そのパターンは大きく次の六つのタイプに分けられます。

魔夜峰央著『パタリロ！　パタリロ７世と８世』

①イギリス文化を具現化したものの一つとしてマザーグースを理解。
②英語圏の人たち（ネイティヴ）にかなり近い感覚でマザーグースを理解。
③英語の子どもの（あるいは遊びの）歌、かわいい歌としてマザーグースを理解。
④『不思議の国のアリス』との関連でマザーグースを理解。
⑤強烈な残酷さをもつ詩としてマザーグースを理解。
⑥ナンセンス詩としてマザーグースを理解。

もちろん多くの人たちは、この六つのタイプの各種混合型になりますが、タイプを明確にするために、ここでは混合型は省略することにします。

第二次マザーグースブームが起こるまでは、②・④・⑤のパターンに関してはそれほど強いものではなく、大方①・③・⑥のパターンに入っていたように思います。しかし、昭和五十年代以降は、帰国子女や海外旅行をする人が増えてきたので、②のパターンもかなり増加傾向にあって当然ですし、今後ますます増えると思われます。④の『不思議の国のアリス』に関しては、翻訳本ばかりでなく、ディズニーでアニメーション化されたものを楽しむ若者が増えていることから、これも多くなってきて当然ですが、このパターンは、今後マザーグースに対する理解が深まれば減少する可能性もあります。

さて残る⑤のパターンですが、第二次マザーグース・ブーム以前にも、イギリスの推理小説などにマザーグースがよく使われたり、詩の雰囲気から、ある種の不気味さを思う人はかなりありました。しかし、〃マザーグース＝残酷な詩〃と多くの人が認識するほど強烈には、前面に押し出されていませんでした。

マザーグース＝残酷な詩？

たとえば、すでに夢二訳・白秋訳で紹介されている「誰がコックロビンを殺したか」にしても、それまでは〃残酷〃というより、〃悲劇的〃で、哀《かな》しくも美しい詩として扱われています。イギリスにおいても、推理小説にこの詩はよく顔を出しますが、残酷な詩ととらえる人はあまりいません。しかしこの詩も、おどろおどろした日本のコミックスや推理小説で使われたときに読者がはじめて触れたとしたなら、残酷な詩というイメージがついてまわるのは想像に難くありません。

そして、マザーグースの残酷性がクローズアップされたことに関しては、第二次マザーグース・ブームの仕掛人ともいえる平野・谷川両氏の影響が大であると思われます。というのも、平野氏の著作『マザー・グースの世界　伝承童謡の周辺』（前掲書）に、次のような詩も紹介されているからです。

Lizzie Borden took an axe,
Hit her father forty whacks,
When she saw what she had done,
She hit her mother forty-one.

リジー・ボルデンはまさかりで
おやじを四〇回めった打ち。
そのあとでこんどは
おふくろを四一回めった打ち。（平野訳）

　My mother has killed me,
　My father is eating me,
My brothers and sisters
　　sit under the table
　Picking up my bones,
And they bury them
　under the cold marble stones.

　おふくろが私を殺した、
　おやじが私を食べている、
弟や妹たちは
　　テーブルの下に座って
　こぼれおちた私の骨を拾っている、
冷たい大理石の下に
　埋めようというんだ。（平野訳）

谷川氏も、この二つの詩を草思社版第3集、第4集に入れており、さらに第3集には、

There was a man,
　a very untidy man,
Whose fingers could nowhere
　be found to put in his tomb.
He had rolled his head
　far underneath the bed:
He had left his legs and arms
　lying all over the room.

ひとりのおとこがしんだのさ
とてもだらしのないおとこ
おはかにいれようとしたんだが
どこにもゆびがみつからぬ
あたまはごろんとベッドのしたに
てあしはばらばらへやじゅうに
ちらかしっぱなしだしっぱなし（谷川訳）

というマザーグースも所収しています。

平野氏は、『マザー・グースの世界　伝承童謡の周辺』（前掲書）のなかでマザーグースの多面的な世界を紹介し、これらの詩は絵本にあまり載せられることがなく、手元にあるマザーグース集のなかではアレキサンダー・コールダーのモダン・アート風の挿絵で人気の高い『三匹のねずみ』（*Three Rats and Other Rhymes*）（J・スィーニー編、カート・ヴァレンティン画廊、ニューヨーク、一九四四年〈近代美術館、一九四六年〉）だけにしか見られないが、一般的に広く流布しているものであり、その「悲劇的で無意味」さがマザーグースの特質の一つでもある、と指摘しています。

このコールダーの異色のマザーグース集について東野芳明氏は、「コールダーのデッサンは、針金細工の人形を思わせるような、単純な黒い線で描かれ、諧ギャクと残忍さが混り合った、ブラック・ユーモアに満ちたもの」で、コールダーにあわせて「とりわけスイーニーが、グロテスクな珍しい歌を選んだ」（傍点筆者）とし、「殺人、ケンカ、口論、カンニバリスム、死の床、バラバラ死体、釜ユデといった、残忍なイメージが、デッサンを見ているだけでも、明るく陽気に伝わってくるのが爽快である」（「コールダーの「マザー・グース」」『ユリイカ』、前掲書）と述べており、じつは谷川氏もこのコールダーの絵本愛好家の一人でした。

そこで谷川氏は、コールダーの絵本から「相当残酷だがおもしろいもの」を、前記の三篇を含めて数篇草思社版のなかに入れたのです。しかも日本語に訳すと、英語のリズムや押韻によるユーモラスで陽気な感覚が失せ、どうしても強烈な内容が前面に出てしまうのですが、そのことについて谷川氏は「日本語だと、そういう韻文的な性質が全部なくなるから、よけい、シュールレアリスティックにおもしろいということもあるんですよね。だから、ある意味では、すごくモダンになる」（『ピー　ブー』、前掲書）と述べています。

つまり、この時点までは日本ではまったく紹介されていなかった、しかも英語版のマザーグース集でもほとんどお目にかからないようなグロテスクな詩が、マザーグース研究第一人者の平野氏による解説書に登場し、さらに大ヒットとなる谷川氏のマザーグース集にシュールな感覚で収録されたことは、子どもの詩と思って手にした読者を驚かせ、印象に残ることになっても不思議はありません。コミックスや、「終章にかえて」でふれるマザーグース解説書の類でも、以後必ずといってよいほどこの残酷性にふれられることになり、ますます〝マザーグース＝残酷な詩〟のイメージが定着してきたと思うのです。

これは、イメージを固定化したりパターン化しがちな、あるいは、一部のイメージを全体のイメージのようにすりかえがちな日本人の思考傾向にも関係するのかもしれません。イギリス人のバランス感覚のよさには、いつも感心しますが、彼らは、マザーグースの残酷性についても、「そういうものもある」「もっと他の要素もたくさんある」という認識なのです。国際化が叫ばれて久しい今日、シュールな日本語訳を楽しみながらも、英語圏の文化のなかでのマザーグース本来の姿をもっと知り、その良さを十分楽しめるだけの柔軟性をもちたいものです。

歌としてのマザーグース伝播

歌としてのマザーグース

これまでマザーグース集やコミックスなど、現在の時点で調べられる文献に基づき、日本におけるマザーグースの状況を見てきました。しかし本来なら、マザーグースの伝承の特性である口伝えの威力が日本でも発揮されているはずで、そのことに着目する研究者がいて当然と思いますが、これまで、その方面に関する研究・資料は皆無といってもいいほど見当りません。しかし、文献研究のみで日本のマザーグース受容を判断することは、カレーライスの味を確かめるのに、カレーをかけないでライスとふくじん漬けやらっきょうを味わっただけで判断するようなもので、肝心なところが抜けてしまいます。

うたう歌としてのマザーグースが日本でどのように受け入れられてきたかは、本書でも「マザーグース伝来」の章でふれた『幼稚園唱歌』（二一一〜二一七ページ参照）に関しての資料・調査以外、ストンと抜け落ちている状態です。そこでこの節では、日本人のマザーグース受容の形を概観する最後の項目として、うたう歌としてのマザーグースがどのように日本人のなかに浸透してきたのかを、現在知り得た資料をもとに検討していきたいと思います。

日本の子どもとマザーグースの歌

英語圏の子どもたちが意識しないうちにマザーグースを知っているのと同じように、今日、多くの日本の子どもたちが「ロンドン橋」「メリーさんの羊」「きらきら星」などいくつかの歌を、マザーグースと意識せず、いつのまにか口ずさんでいる時代になりました。このような現象は、いつごろから聞かれるようになったのでしょうか。前にも述べたように、本来マザーグースのもつ伝承の性質を考えれば、日本でも歌として耳と口で伝わって定着してきた可能性は、当然考えられます。

漫画家の萩尾女史（一七二〜一七四ページ参照）は、『マザー・グースの唄　イギリスの伝承童謡』（前掲書）を読んだときに、「あらあらふしぎ、私が昔オルガンで覚えた「きらきら星」や、みんなで歌った「メリーさんの羊」や「ロンドン橋おちた」や、何かのことわざかと思ってた「だれが殺したクック・ロビン」や何かのミステリーで読んだ「くつのお城のおばあさん」やらがみんな入っていた」（「クック・ロビンは一体何をしでかしたんだ」、前掲書）と述べています。筆者が接するほとんどの学生たちも、知っているマザーグースに関して同じような反応を示します。

筆者は、戦後ベビーブームのピークに生まれた団塊の世代の一員ですが、やはり、マザーグースを本で知るかなり以前に、マザーグースの歌をすでにいくつか知っていました。母によれば、三歳の時にはすでに「きらきら星」を英語で歌えるようになっていたそうです。もちろん、筆者自身はどこで覚えたのか、はっきりした記憶はなく、いつのまにか唄っていたのですが、筆者の場合は母が教えてくれたようです。

しかし、今年（二〇〇二）満八十歳の誕生日を迎えた母は、「私は英語が敵性語の時代に育ったから、英語はできなくても当然。でも、あなたは……」と常々いっていました。そんな母が、どこでこの英語の歌を覚えたのでしょうか。

二〇ページで述べたように、英語版「きらきら星」の歌は、明治二十年代初頭には日本に上陸して、定着の道を歩みはじめていたことが分かりました。その後、どのような経路で強く定着してきたかは、今後どこまで調査できるかにかかってきますが、少なくとも、英語を敵性語とした時代に青春時代を過ごした母が、終戦後に英語で「きらきら星」を筆者に唄ってくれていた事実を考えると、伝承の強さというものを感じます。

母のマザーグース体験

では、母はいつ、どこで、「きらきら星」を英語で覚えたのでしょうか。

名古屋の中流家庭に育った母は、小学校に上がったころ、つまり昭和の初めころに、バイオリンのレッスンに通っていたことがあり、そのレッスンで「きらきら星」のメロディーを覚えたのは間違いないそうです。しかし、その曲とマザーグースの英語の歌詞がどこで結びついたのかは、はっきりしません。伝承という、記憶にたよるものを探るときの常ですが、非常にあいまいです。

七歳違いの母の姉は大正三年（一九一四）生まれで、特に英語が好きというわけでもなかったようですが、ちょうどモボ・モガ時代の影響か、アメリカのペンパルと文通などしていたようです。しかし、その姉から英語の歌を教えてもらった記憶はないそうです。三歳上の兄には、「アルルの女」「ボレロ」などのレコードを聞かせてもらった記憶はあっても、これまた英語の歌を教えてもらった覚えはないということです。そして、女学校では一、二年の授業科目に英語もあったそうですが、英語の時間にこの歌を教えてもらった記憶もないそうです。

ただ、昭和の二桁に入ったころには、なぜか家に世界の愛唱歌を集めたポケット版楽譜集があったそうです。そして、その楽譜集には原語で唄えるように、英語などの歌詞にカナが振ってあったそうで、先日、「今でもイギリス国歌『ゴット　セイヴ　ザ　キング』とかフランス国歌『ラ　マルセイユ』は覚えているわよ」と原語で歌ってくれました。おそらくその楽譜集のなかに「きらきら星」も入っていて、バイオリンのレッスンで子どものころからなじんでいたメロディーとその楽譜集の英語の歌詞を結びつけて覚えたのではないだろうか、と母はいっていました。

いずれにしても、英語の歌「きらきら星」は、母のなかで無意識のうちに温存され、戦争をくぐりぬけ、筆者にもいつのまにか伝わっていたわけです。

平成七年（一九九五）一月十一日付『朝日新聞』朝刊の家庭欄に、こんな投書が載っていました。

「メリさんの羊」

「先生、やりすぎです！」。これは、もうすぐ六歳になる娘の言葉。「先生」というのは「メリーさんのひつじ」の歌にでてくる先生です。この歌、子供の歌のはずなの

に、三番以降は、娘いわく「かわいそう」なのです。（後略）

この投書に登場する歌は、童謡詩人高田《たかだ》三九三《さくぞう》（一九〇六〜二〇〇一）氏の訳による「メリさんの羊」です。このマザーグースに関しては、高田訳が非常に普及して定番になっており、楽譜でも録音物でも放送でもほとんど高田訳が使われ、次のように歌われます。

一、メリさんのひつじ　メーメーひつじ
　メリさんのひつじ　まっしろね
二、どこでもついていく　メーメーついていく
　どこでもついていく　かわいいわね
三、あるとき学校へ　学校へ学校へ
　あるとき学校へ　ついてきた
四、生徒がわらった　アハハアハハ
　生徒がわらった　それをみて
五、先生はかんかんに　おこっておこって

Mary had a little lamb,
Its fleece was white as snow;
And everywhere that Mary went
The lamb was sure to go.
It follow her to school one day,
That was against the rule;
It made the children laugh and play
To see a lamb at school.
And so the teacher turned out,

先生はおこって　追いだした　　But still it lingered near,
六、メリさんはこまって　こまってこまって　　And waited patiently about
メリさんはしくしく　なきだした　　Till Mary did appear.

訳詞と原詩を比較すると違いが分かりますが、原詩では「学校へついてくるのは規則違反」なので、「先生は　ひつじを外に出しました／でもひつじは　じっと近くで待ってたの／辛抱強く　待ってたの／メリーさんが出てくるまで　待ってたの」となります。そしてさらに原詩では、「どうしてひつじは　メリさんをそんなに好きなの？（Why does the lamb love Mary so?）／と　生徒は大きな声で熱心に聞きました（The eager children cry;）／それは　メリさんがひつじをすきだからよ（Why, Mary loves the lamb, you know,）／と先生は答えてくれました（The teacher did reply.）」と続いて終わるのです。

この歌は、英語の四行詩として世界的に有名な詩の一つであり、発明王のエジソンが蓄音機の試作第一号として自分で吹き込んだ詩としても知られていますが、もちろん英語圏の子どもたちは、この心温まる英詩の内容で歌っています。

昨年（二〇〇〇）の夏、訳詩者の高田氏にマザーグース訳についての話を伺うチャンスに恵まれました。メリさんがしくしく泣くことに関しては、「原文から離れているけど、歌はあまり長いと、子どもは歌わないでしょ。終わらせなきゃならない。だから、泣かせちゃえば終わりだ。アハハ、ま、そんなことですよ」と笑っていらっしゃいましたが、「学校へ動物を連れてくるとは、けしからん」という日本の学校の雰囲気など、訳詩をつくった当時の社会状況ももちろん影響していたのではないでしょうか。

高田三九三とマザーグース訳

二五ページでふれたように、歌える訳詞にするにはメロディーと日本語のアクセントを符合させることや、内容を半分ほどにカットするか二番に分けないと曲にはまりにくいこと、そして何よりも歌いやすいことなどが大きなポイントとなり、普通の訳詩とは違う困難さをともないます。

その歌えるマザーグース訳について、高田氏は次のように話してくださいました。

僕は翻訳者のようにはきちんと訳さないんですよ。詩を訳した人はたくさんいましたよ。白秋とかね。白秋なんかはやっぱりうまいですよ。だけどあれじゃ歌えない。だから、私のは曲をいかして、日本語で歌えるようにと……。

マザーグースを訳したのはだいぶ前ですよ。昭和二年ころだと思いますが、まだ僕が外語大の学生（現東京外国語大学仏文科）だったころでね、楽器屋さんで見つけたと思うんだが、イギリス版のマザーグースの曲集を見つけたんだ。そのころマザーグースの曲集なんて、あんまりなかったですよ。二、三十曲入っていて、なかなかおもしろい、いいものでしたよ。それで、まだマザーグースなんて全然騒がれていなかったころだけど、そのころやたらに書きとばしていたんですよ。「メリさんの羊」「ロンドン橋」「田んぼの中の一軒家」など、ほとんどそのころに訳したものですよ。

日本語はアクセントの高低があるし、へんに言葉をつけると何いってるかわかんなくなっちゃう。だから、歌では原文と離れちゃうのもあるしね。訳詩は成り行きですね。小学校の音楽の先生の影響で歌が好きになって、訳詩をつくるときもはじめから〝ぶっつけ〟で自分で歌ってみて、合わなければすぐ変えるからね、チョコチョコットね。苦心してつくるなんてないです。訳したっておもしろく楽しくなけりゃ、子どもは歌わないからね。

学生のときに訳した「メリさんの羊」などは、最初、自分たちで主催していた童謡誌『しゃぼん玉』に載せました。当時、歌える訳詩をする人がほとんどいなかったからかねぇ、それをレコード会社が見つけて、勝手にレコードにしたんだよ。詩人仲間にはプライドがあって、当時、レコードになるような作品は質の悪いろくでもないものだと思ってた。レコード作家もいたけれど、軽蔑してましたよ。だからレコードに入るのは嬉しくなくて、入れるなら勝手に入れろって……。欲がなかったしね。当時、子どもの歌のラジオ番組はなかったし、外国の子どもの歌は珍しかったから、僕のが取り上げられたのかもしれない。

日本語で録音されたマザーグースのレコードが、いつごろ、どこのレコード会社から出されたのかについては、高田氏の記憶が定かではなく、「昭和十二、三年（一九三七、八）ごろに、ビクターでも出したし、コロムビアでも……」との言葉を頼りに、当時のレコードカタログなどにあたってみました。

日本語版マザーグース・レコード

ビクターのレコード総目録（邦楽）を繰っていくと、昭和十三年の〝八吋《インチ》児童学校レコード〟のところに、A面B面各二曲入り二枚組レコードのシリーズのなかに、〝「マザア・グウス」より〟として一組記載されているのを発見しました。

高田三九三訳詩・鈴木静一編曲「アハハ・アハハ」（Hey, Diddle, Diddle）（原詩は八七・

八八ページ参照)、「水汲みに」(Jack and Jill)、「メリさんの羊」(原詩は一八九・一九〇ページ参照)、「トミ坊」(Little Tommy Tucker) の四曲を、古筆《こひつ》愛子ほか歌唱・ビクター管弦楽伴奏でレコーディングしたものです。古筆愛子さんは当時のクラシック畑の歌手で、この四曲はビクターの記録によると、昭和十二年五月十八日にレコーディングされ、同年九月に、一円六五銭で発売となっていました。おそらくこの二枚組が、日本語の訳詩により発売された、わが国初のマザーグース・レコードといえるでしょう。

　高田氏の記憶によると、昭和十三年(一九三八)にビクターかコロムビアで「ロンドン橋」「田んぼの中の一軒家」もレコード化しているはずとのことでしたので、ビクター総目録以外にコロムビア月報も、昭和三年から十四年までの分すべてにあたってみましたが、どこにも見つけることはできませんでした。そして、昭和十六年のビクター総目録からは、この二枚組マザーグースレコードも姿を消してしまいました。折からの戦争のあおりを受け、発売中止の憂き目を味わったようで、戦争が終結するまで、高田訳のマザーグースは公然と歌われることはなくなったようです。

　しかし高田訳のマザーグースは、原詩訳に近い形でありながら歌える詞ですので、終戦後、NHKのラジオ番組『うたのおばさん』でしばしば歌われ、特に「ロンドン橋」や

「メリさんの羊」は再放送の希望の投書も多く、知らない子どもはいないほど有名になりました。今でも幼稚園や保育園で歌われており、全国的に浸透しています。

英語版マザーグース・レコード

さてマザーグースのレコードといえば、コロムビアの月報を見ていて、思わぬ収穫がありました。昭和初期のモボ・モガの時代、外国文化や英語に対する関心が高かったことは前にも述べましたが、それを裏付けるように、昭和五年（一九三〇）二月の月報には、「耳からの教育――レコードで稽古すればやさしくて而《しか》も効果の多い勉強が出来ると今大評判です」とのコメント付で、会話やリンカーンの演説などが入った〝英語レコード〟や〝コドモの英語〟の紹介が載っており、同年四月の月報には〝英語教育〟の欄が設けられて、一〇種類ほどの英語教材レコードがリストアップされています。さらに同年九月には、コロムビア教育レコード九月新譜の〝英語唱歌　ミス・メアリ・マイルズ吹込（ピアノ伴奏　トレマイン）〟として、六枚のレコードが記載されています。

そのシリーズの紹介ページには、〝唱歌でおもしろく英語を！　MOTHER　GOOSEやStevensonの英語童謡と民謡のレコード〟とタイトルがつけられ、「現今英語は中等校女学校へ入学してから初めて急激に教へられますが、もし小学校の時代に英語のやさしい歌を一つでも二つでも覚えておいたならばどんなに幸福でせうか。レコードで稽古すれば過《あやま》った発音を覚える憂《うれい》もありません……」とあり、スコットランド民謡・フォスターの曲・アメリカの子どもの歌に混じって、「ディコリ・ディコリ・ドック、ガアガア鵞鳥、子猫、ポウリ薬缶《やかん》を、ジャックホナー、小猫が三匹、六ペンスの歌、きらきら輝けお星さま（Twinkle, Twinkle, Little Star）、ロンドン橋」と、マザーグース九曲がレコード番号の下にそれぞれ記載されています。翌昭和六年の九月新譜には、新たにマザーグース "The Rhyme of the Days and Months" "Little Bo-Peep" "A Counting Rhyme" が入った英語唱歌二枚が加えられました。

そして同年十二月新譜には、ついに〝英語童謡集（マザーグース）〟というタイトルで、二枚のレコードが発売されています。〝これはまた面白い英語童謡集（Mother Goose Melodies）〟と題したこのレコードの紹介欄には、マザーグース絵本の写真も載り、「マザーグース（かあさん鵞鳥）といへば誰方も御存知の有名な英国の童謡ですが、この二枚のレコードはそれを実に面白く吹込んだもの、鵞鳥やら猫やら犬やら豚やら赤ン坊やらさまぐ〳〵の啼声《なきごえ》が次から次へと出てくる上に、賑やかな笑ひだの鐘の音だの、男声女声の独唱やら合唱やら巧みなオーケストラの伴奏やらで、**英語の解らない児童**にさへ非常な興味をもたせて最後まで傾聴させせるでせう。添付の文句カードには訳詩や気の利《き》いた絵も添へてあります。中学生女学生の方々には勿論ですが、まだ学校で英語を習はぬお子さん方にもよい準備としてお奨め致します。『**六片の歌**』だの『**ロンドン橋**』だの中学校のリーダーに必ず載つてゐるやうな童謡はたいていこの二枚に収められております。十吋黒盤正価一枚壱円五拾銭（傍点筆者）」とあり、収録されているマザーグース三五曲の英語名が記されています。

この紹介文から察するに、すでに昭和六年当時の日本で、中学校・女学校の英語の時間には必ずマザーグースが扱われており、かなりマザーグースが浸透していたことがうかがわれます。

コロムビアからはこの後もいくつか別の英語童謡のレコードが出されていますが、昭和十一年（一九三六）十二月のカタログには「少年航空隊・青空」「敵機幾百・空を仰げば」などきな臭い匂いのする児童レコードが目につくなかで、英語唱歌レコードは数曲入りの盤が三枚程度のみの掲載とトーンダウンし、ここでもマザーグースはしだいに姿を消していきます。

戦後音楽教科書のマザーグース

前述のように、終戦後、NHKの『うたのおばさん』で「メリさんの羊」などのマザーグースが放送され人気を博しましたが、昭和二十二年（一九四七）四月発行の文部省編纂《へんさん》音楽教科書には、『1ねんせいのおんがく』中の「わたしのひつじ」（勝承夫《かつよしお》作詞・外国曲）、『3年生の音楽』中の「なかよしこよし」（岩佐東一郎作詞・外国民謡）、『4年生の音楽』中の「なわとび」（勝承夫作詞・エリオット作曲）の三曲しか、マザーグースの片鱗を見つけることができません。

「わたしのひつじ」は、「わたしの　ひつじ／かわいい　ひつじ／よべば　すぐくる／しろい　ひつじ……」という「メリさんの羊」の勝訳ですが、歌ってみると、高田訳「メリさんの羊」の方がずっと楽しく、感覚も新しく、高田訳が後まで残る理由が分かります。

「なかよしこよし」は、「なかよしこよし／みんなおいで／まあるくなって／あそぼうよ……」という歌詞が「ロンドン橋」の曲に、「なわとび」も、「とべ、とべ、なわとび、心もおどるよ……」という歌詞が、J・W・エリオット（一八七〇年ごろにマザーグースの作曲集を出版したイギリスの作曲家）作曲「ハンプティ　ダンプティ」のメロディーにつけられていますが、「ロンドン橋」「ハンプティ　ダンプティ」とはまったく関係のない歌になっています。明治時代に、多くの外国曲にまるで関係のない日本語の詩をつけたのと同じ

上　文部省編纂音楽教科書『１ねんせいのおんがく』「わたしのひつじ」(勝承夫作詞)

下　同上『３年生の音楽』「なかよしこよし」(岩佐東一郎作詞)

感覚です。

昭和四十三年（一九六八）に武鹿悦子《ぶしかえつこ》訳「きらきら星」が一年生の音楽教材に入って以来、「きらきら星」は日本の子どもたちの間で定着していますが、このように音楽教科書に掲載されると、その歌の浸透率はぐんと高くなるはずです。しかし前記の三曲がまったく残らなかったのは、すでに戦前から耳慣れ、イメージがあったであろうマザーグースの歌に、世の中の英語ブームや外国文化への憧れを無視するような、元の詩とは無関係なうえに歌って楽しいとはいい難い日本語訳がつけられてしまったからでしょう。

第二次マザーグース・ブーム以降、英米で歌われているマザーグースの曲に谷川訳を当てはめてレコード化されたり、谷川訳や和田訳に日本の作曲家たちが新しい曲をつけて発表もしていますが、定着したようには思えません。詩として優れていても原曲にのる詩かどうかは、高田氏の話のとおり（一九一・一九二ページ参照）、原曲の楽しさがリズムの面でも言葉の面でも表現されているかどうかにかかってきます。つまり、元の詩とは結末が違っても、高田訳の「メリさんの羊」は元歌のリズムが活かされていて歌いやすく、楽しく耳に残ったからこそ、日本化して定着したというわけです。

そしてここにも、世の中の諸情勢をくぐり抜け、音で伝わる伝承の世界の強い影響が見られるのです。文字で書かれた詩を読んですぐに暗誦できるかといえば、意識して覚えないかぎり、あるいは好きで何度も音読しないかぎり、なかなかできません。しかし、子どものころに覚えた歌を、一時はすっかり忘れていても、子どもができたら自然に口をついて出たという経験をよく耳にしますが、耳で、口で身体に浸透したものは、時を経ても、忘れ去られたかのように見えても、記憶が呼び覚まされるチャンスさえあれば、不思議なことにそのメロディーやリズムとともに強く蘇《よみがえ》るものです。

　ですから、「マザーグースと詩人たち」の章の終わりで「文献の状況からはマザーグース断絶期が存在したかのように思われる時代」と述べましたが、実際はその時代に、本来の英語のマザーグースも日本化したマザーグースも、文献には登場しにくい伝承の世界でしっかりと生き残っていたことを見落としてはならないと思います。

　さて、マザーグース研究においては、この日本における伝承の側面にほとんど手がついていない状態ですし、そのほかにも未研究の分野が多多あります。そこで「終章にかえて」では、これからマザーグース研究がもっと発展し、そこから日本人とマザーグースとのかかわりあいがさらに浮彫りにされるよう願いを込めて、これまでの日本における研究を概観することにいたします。

終章にかえて

日本におけるマザーグース研究概観

日本におけるマザーグース研究

「多彩なマザーグース訳・絵本」の章の「戦後英語教育におけるマザーグース」の節で記したように、戦後英語教育が盛んになってきたのにつれて、松本亨《とおる》氏のように、マザーグースをすぐれた英語教育の教材として教育現場で使う動きも出てきました（二三七・二三八ページ参照）。しかし、まだまだ文法中心の英語教育であったうえ、「子ども」文化が軽んじられる風潮の強かった日本でしたから、マザーグースが研究対象として扱われるようになるまでには、かなりの時間を要しました。

『マザー・グースの唄』以降昭和五十年代

昭和四十七年（一九七二）、第二次マザーグース・ブームのきっかけとなった『マザー・グースの唄　イギリスの伝承童謡』（一四三～一四五ページ参照）によって、マザーグースへの興味が広く呼び起こされましたが、昭和五十年代を過ぎても解説書の類がボツボツ出版される程度で、日本における本格的な研究や研究書の出版は皆無に等しい状態でした。

そんななかで、さきに紹介した『訳詞と解説　まざー・ぐーす　上・下』（一四一～一四三ページ参照）は、『オックスフォード版伝承童謡辞典』（一一・一二ページ参照）の引用がかなりの部分を占めているにしても、昭和五十年代の解説書としてはかなりしっかりまとめられています。

また翻訳ものですが、『マザー・グース　1～3』（W・S & C・ベアリングールド編、石川澄子訳、東京図書、一九八一～八二年）は評価できるものです。翻訳版は三部に分けて出版されましたが、この原書『註釈付マザーグース』（*The Annotated Mother Goose*）（ブラムホール・ハウス、ニューヨーク、一九六二年）は、しっかりした大判・厚手の研究書で、本編には番号を振って八八四篇紹介し、かなり詳しい註がつけられています。

この原書は、アメリカにおけるマザーグースの選集・研究書として最もすぐれたもので、マザーグース研究書としては『オックスフォード版伝承童謡辞典』と双璧をなすものですから、日本の研究者にとっても、マザーグースに興味のある人たちにとっても、この労作には感謝すべきでしょう。この本の出版で、児童文学者で翻訳家の石川澄子女史が、谷川氏の講談社版を抜いて、大幅に最多訳詩数記録を更新したことになります。

そして、英語のマザーグースを聞いて口にすることの重要性がより認識されるようになり、カセットテープ付英語教材としても活用できる『マザー・グース童謡集』（平野敬一編、エレック選書、一九七三年）や『MOTHER GOOSE'S NURSERY RHYMES マザー・グース童謡集』（渡辺茂編註、北星堂書店、一九七八年）など、註釈付マザーグース集も、五十年代から目につくようになりました。

また前章で述べたような一般読者のマザーグース熱に応《こた》えるかのように、五十年代後半から藤野紀男《ふじのとしお》（一九四〇〜）氏が、ミステリーや文学、児童文学に登場するマザーグースの実例を示しながら解説した『知っておきたい マザー・グース Part 1、Part 2』（三友社出版、一九八一年ならびに一九八三年）や、マザーグース入門書とでもいうべき『マザー・グースの唄が聞こえる』（朝日イブニングニュース社、一九八四年）を著わし、平成に入るころまで藤野氏のマザーグースに関する活発な執筆活動が続きます。

昭和五十年代も終わり近くになってきたころ、やっと研究書といえるのではないかと思われる本が登場します。鈴木一博《すずきかずひろ》（一九四八〜）著『マザー・グースをたずねて』（一九八三年）です。この本は私家版として出版されましたが、わずかな修正を加えて昭和六十一年（一九八六）に、『マザー・グースの誕生』（現代教養文庫、社会思想社）というタイトルで日の目を見ることになる本です。これまでのマザーグース関連書には見られない、イギリスの史実・風土・文化的伝統を背景としてもつマザーグースに、真正面から取り組んでいる好著です。

たまたま私家版の方も手元にありますが、筆者がマザーグース研究にかかわるようになった昭和六十年当時ですら、イギリスにおけるマザーグースの資料や現状を把握したくても『オックスフォード版伝承童謡辞典』くらいしか入手できなかったため、翌年イギリスへ留学することを決意したほど、なかなか日本では資料も情報も手に入らないころの著作なのに、よくこれだけのものをまとめてあると感心します。

マザーグース研究会発足

昭和の時代の終わりがすぐそこに迫っていた昭和六十三年七月、藤野紀男氏を代表として、「マザーグース研究会」が発足しました。発足と同時にB５判四ページつづりの会報が毎月発行されることになり、その第一号に会員として紹介されていたのは、大学・高校・中学の教員を中心とした、わずか一〇名のマザーグース愛好家たちでした。

研究会といっても、当初はマザーグースに興味をもった同好の士の、情報交換の場といった感がありましたが、マザーグースがまだ学問研究分野として認知されにくかった時代に、日本初のマザーグース研究グループが誕生したことは、以後、マザーグース研究を志す者にとってはとても心強く、意義深いものでした。

そして毎月発行された会報は、一人ではなかなか集めきれないマザーグース関連の情報を、お互いに提供しあう場となっていきます。会員が少しずつ増えるにつれて情報も増え、平成三年（一九九一）一月からは会報のページ数が倍の八ページとなり、さらに平成八年一月からは隔月発行となりますが、一二ページに増頁されました。

これまで「マザーグースに出てくる植物・動物」（美濃部良稿）、「ポップスの中のマザーグース」（大道友之稿）などの連載記事や、内外の文献資料、マザーグースグッズの紹介、会員情報による「用例コーナー」（創刊号から続いている、小説・新聞・雑誌・映画などに顔を出すマザーグースの実例収集欄）など、いろいろな角度からのマザーグース情報が提供されたり、各研究成果についての意見交換の場としての役割も務めてきました。

また、当初は東海地方の会員が中心だったため、まず東海支部が結成されましたが、翌年には関東支部、さらにその四年半後には関西支部結成と、全国規模の広がりを見せていきます。そして一〇年後の平成十年には、大学・高校・中学・幼児教室などの英語教員はもちろんのこと、翻訳家・図書館司書・イラストレーター・主婦・学生など、各分野から集まった人たちも参加し、会員数は一四一名となり、平成十七年には「マザーグース学会」となり、ますます活発な活動を繰り広げています。筆者も遅まきながら平成五年に入会し、他会員の活動に大きな刺激を受けるとともにその恩恵に浴し、ロンドン留学以前、マザーグース研究資料収集に大変苦労したことを思うと、隔世の感があります。

歩みはじめた研究活動

昭和六十三年（一九八八）にマザーグース研究会が発足し、本格的なマザーグース研究の兆しが見えてはきましたが、マザーグース研究書と声を大にしていえるものが登場するまでには、まだまだ時間を要しました。

平成の初めのマザーグース関連書としては、元年（一九八九）に『保存版　名作マザーグース70選』（藤野紀男著、三友社出版）、二年に『イギリス童謡の星座』（内藤里永子著、吉田映子訳詩、大日本図書）、三年に『19世紀のアメリカ人が集めた　中国のマザーグース』（ロビン・ギル編著、星野孝司訳、北沢書店）が出版されています。

しかし『保存版　名作マザーグース70選』は、昭和時代末期の一〇年間に何冊か出版されたマザーグース解説本の流れを汲んだものですし、一四章からなる『イギリス童謡の星座』は、シェイクスピアから現代までのイギリス童謡史の研究書ですが、マザーグースの物語性や文化的背景を考察しているのは第二章二一ページ分のみにすぎず、やはりマザーグース研究書とはいえません。

『19世紀のアメリカ人が集めた　中国のマザーグース』も研究書ですが、これは十九世紀末の中国でアメリカ人宣教師I・T・ヘッドランドが採集して英訳した中国伝承童謡集『中国のマザーグース』（*THE CHINESE MOTHER GOOSE RHYMES*）（一九〇〇年）のなかから一〇五篇を、アメリカ人の比較文化学者ロビン・ギルが厳選し、マザーグースとの比較も織り交ぜながら註釈した研究書の翻訳版で、これも日本のマザーグース研究書とすることはできません。

そのようなわけで、藤野氏の「〝マザーグース〟と〝わらべうた〟を比較した最初の研究書として価値がある」（『マザーグース研究会会報』№55、一九九三年）や平野氏に「ナーサリーライムに関しては戦後本格的な初の研究書」との評価をいただいた、平成四年（一九九二）出版の拙著『わらべうたとナーサリー・ライム　日本語と英語の比較言語リズム考』（一三・一四ページ参照）まで、本格的マザーグース研究書の出現は待たなければなりませんでした。

この本は、日英両国の伝承あそびうたの文化的背景や、遊びにともなう動作（「スキップ」〈英〉と「歩き」〈日〉）を比較することによって、英語と日本語に言語リズム素が内在するとの仮説を立証しようと試みたものです。この書は文献研究ではなく、民俗学的・言語学的見地からマザーグースにアプローチした言語リズム論で、マザーグース研究未開拓分野の研究という点でも注目されました。そして平成九年には、この自説から導き出した英語リズム指導法をまとめた小論「ナーサリー・ライムを使った実験授業からの一考察」を補完した、『増補版　わらべうたとナーサリー・ライム』（晩聲社）が出版されています。

鷲津名都江著『増補版　わらべうたとナーサリー・ライム』（晩聲社）

付表2（巻末）を見ると、平成九年（一九九七）までに研究書（翻訳書は除外）と記載されているものは鈴木一博氏の著作と拙著以外には登場しません。しかし、これは研究活動がすすんでいないということではなく、単行本にまとめられたものはまだ出てきていなかったというだけです。

前項で述べたように、マザーグース研究会の発足は、情報交換による資料の充実と、会員の研究意欲の向上に大きな役割を果たしています。会報に毎号掲載される各研究者の小論文や、支部例会での研究発表の模様、またマザーグースを扱った大学の授業や紀要、卒業論文の報告の数が年々増加傾向にあることからも、マザーグース研究が盛んになってきていることが分かります。

平成六年（一九九四）一月にはマザーグース研究会の研究誌『マザーグース研究』第1号が発行され、北原白秋の訳業に関するもの、訳詞比較、映画に登場するマザーグースなど、八点の論文が掲載されました。以後多岐にわたるマザーグース研究論文が毎回寄せられ、本年（二〇一七）この研究誌は第一二号発行の運びとなります。

そしてこのような研究の積み重ねが、映画とマザーグースの関係を具体的に楽しく著わした『映画の中のマザーグース』（鳥山淳子著、スクリーンプレイ出版、一九九六年）や、マザーグースの解釈を絵解きからアプローチし、絵本の変遷を概観したすぐれた研究書『マザーグースと絵本の世界』（夏目康子著、岩崎美術社、一九九九年）といった出版物に結実していることを思うと、今後マザーグース研究において、マザーグース学会がますます大きな役割を担っていくことが期待されます。

今後のマザーグース研究への提言

これまでの日本の学問研究は、どうしても文献主義に陥りやすく、本書で概観してみると、マザーグース研究もその傾向が強かったように思います。これは、特に海外の文化を扱う研究分野においては、ときに大きな誤解を招くことにもなりかねません。というのは、研究姿勢に限らず、日本人が外国文化に接する際に、その外国の言葉が日本語に翻訳された段階で、訳者の価値観、または受取り手の日本人的価値観をとおして解釈されることが多いからです。

たとえば、「マザーグース」という言葉を日本語で「伝承童謡」と表現するのと同じように、英語で「トラディショナル　ナーサリーライム」といったりもします。この「トラディショナル」という言葉は、日本語では〝伝統的な〟と訳されることが多いので「トラディショナル　ナーサリーライム」を「伝統的子どもの押韻詩」と訳しても間違っているわけではありません。

しかし、もし日本人がこの〝伝統的〟という言葉を聞いたり読んだりしたら、どのような印象をもつでしょうか。おそらくほとんどの日本人は、「その国固有の古くから伝えられてきているもの」と思うのではないでしょうか。

ところが、イギリスで〃トラディショナル〃という言葉は、必ずしもそこまで厳密ではない場合が多いのです。古来から多くの民族が出入りしてきたイギリスで、本当にイギリス固有のものを捜し出そうとする方が難しく、単に「昔から伝わってきたもの」といった程度なのです。一二三ページで述べたように、マザーグースの歌として日本でも知られている「きらきら星」のメロディーは、元はフランスの子どもの歌です。英語圏で出版されているこの歌のほとんどの楽譜には、「トラディショナル　テューン（曲）」と書かれていますが、これも単に「昔から伝わってきた曲」の意味であると考えれば納得できます。

ですから、これからのマザーグース研究もマザーグース解説も、その点を考慮して、できるだけ生《なま》のイギリス文化を受取り手に伝えるよう努力すべきでしょう。

筆者自身がイギリス留学の折に、日本語で理解したり想像していたものと実物やイギリス人の感覚との間には、かなりギャップがあることを、いろいろな場面で感じました。つまり、百聞は一見にしかずの言葉どおりでした。その経験から、拙著の『マザー・グースをくちずさんで――英国童謡散歩――』（求龍堂、一九九五年）や『マザー・グースをたずねて』（筑摩書房、一九九六年）では、なるべくビジュアルな現地の写真やイギリスの絵本などを豊富に取り入れて、できるかぎり実際の姿を伝えたいと構成しました。

安藤幸江女史は、マザーグースがイギリスでどのように生活に根ざし、どのように遊ばれているのかが分かるように、ビデオテープ、カセットテープ、CDを使い、貴重な絵本の復刻版もデジタル化して、マルチメディア教材を制作しました。誰でも容易に見て比較できるようなマザーグースのマルチメディア教材を開発した過程と、追手門学院大学の「イギリス文化演習」や「イギリス文化講義」の授業でその教材を活用した経緯を、「マザーグースのマルチメディア教材について」(『教育研究所紀要』第一七号、追手門大学教育研究所、一九九八年)で述べています。

安藤女史は、この教材でも使用したイギリスのロングマン社制作ビデオ用テクスト『NURSERY RHYMES　ビデオで楽しむマザーグース』(北星堂書店、一九九七年)も手がけ、イギリスの文化を生で日本人に手渡す努力をしていますが、まさにこれからのマザーグース研究においては、このような姿勢が大いに必要とされるのではないでしょうか。

そして今度は日本に目を転じてみると、前章の「歌としてのマザーグース」の節で検討したように、いつのまにか日本の文化にとけこんでいるマザーグースの姿もあるのです。音は残りにくく、人の記憶も消えてしまいがちですが、この日本におけるマザーグースの伝承性に目を背け、耳をふさいでいては、これまた本来のマザーグースの姿が見えてこなくなるのではないでしょうか。

たとえば、今年二月二十八日付『朝日新聞』朝刊経済欄の、自動車大手ダイムラークライスラーの経営再建策がなかなか厳しいという記事のなかで、「失敗したらどうなるか。「そして（経営陣は）誰もいなくなった、となる……」とドイツの銀行関係者は冷静に言う」とありました。このフレーズはアガサ・クリスティのファンならマザーグースの一節とすぐに分かります。そして一〇年ほど前にベストセラーになった経済書『誰がケインズを殺したか』も、ミステリー好きなら「誰が駒鳥を殺したか？」（原詩は五八ページ参照）が頭に浮かぶでしょう。

また二、三年前、地下鉄で見た結婚式場の車内広告には、真っ白な式場の建物の写真にひとことのコピー「青いものをなにか」と書かれていました。花嫁が身につけるものを歌いこんだマザーグースの一節です。そして七年ほど前には、紅茶の缶を持った女の子が歌って踊りながら「ピコ！」と叫んでいたCMがよく流れていましたが、あのコマーシャルソングも[p]の音で頭韻《とういん》を踏んでいくマザーグースの早口言葉のもじりです。

さらに、マザーグースの歌のメロディーも、東京ディズニーランドのCMのバック音楽として、四年前は「クリスマスの十二日」、一昨年は「桑の木のまわりを」（原詩は七四ページ参照）と、いずれもよく知られたマザーグースの曲が使われていました。

文献資料偏重にならず、さまざまな分野における研究を積極的にすすめなければいけないのは、日本国内の研究に限りません。イギリスやアメリカ、そのほかの英語圏でのマザーグースの現況なども、腰を落ち着けて、もっと実証的に研究すべき時が来ているような気がします。

情報化時代になり、インターネットなどで比較的資料も手に入れやすくなりましたが、さきほど述べたように、日本で受け取る言葉は、なにかが変化していたり、変化させて受け取っていることに、なかなか気がつかないものです。日本が海に囲まれた島国であるかぎり、どんな世の中になっても、よほど心していないと本当のものが見えにくい状況は変わらないのではないでしょうか。いつのまにか日本人の価値観に左右され、どこか日本化して解釈しがちになる危険性があることを忘れてはいけないと、自戒を込めて筆を擱《お》くことにいたします。

あとがき

二十一世紀へ向けてのシリーズに、日本におけるマザーグース受容に関することをまとめてみませんか、とお話を頂いてからはや四年以上を経て、すでに二十一世紀に突入してしまいました。

途中、ご他聞に漏れず我が勤務校も学校改革の嵐に見舞われ、大学学部増設にともない筆者も短大から大学へ異動が決まると同時に残務処理に多忙を極めたり、体調を崩した事情もありましたが、それよりも、いざ書き始めると疑問に思うこと、資料不足など、分からないことが次から次へあらわれ、それを解決するための手がかりを求め、資料を集めて……という時間に多くを費やしてしまいました。まだまだ調べ足りないことがいろいろとありますが、きりがありませんので、それは今後の課題とすることにして、とにかく思い切って終止符を打つことにいたしました。

巻末の各付表も、抜けているものが多々あると思いますが、現在の時点で筆者の分かる限りのところで作成してみました。なかでも付表2は註にありますように、日本での受容の観点から、著者よりも該当書のマザーグース訳が誰であるかを重視し、出版年の右側にはまずマザーグースの訳者を挙げました。著者と訳者が同一の場合は、著訳としてありますが、訳者と著者等が異なる場合は、書名の後に著者等の名前を列記いたしました。

また、引用文のなかで旧字体を使用しているものは、すべて常用漢字に改めました。ただし、引用文中の旧仮名づかいと、本書における追加分以外の「ルビ」は、原文どおりにしてあります。そして参考までに、引用書中に原詩のみが掲載されているマザーグースには拙訳を併載し、逆に訳詩のみ引用書に掲載の場合には、該当すると思われる原詩を『オックスフォード版伝承童謡辞典』（二一・一二ページ参照）収録分より、また同書に収められていない原詩については筆者が選び、いずれも（英詩拙註）として併載いたしました。

ところで、本文二ページ、六ページ、あるいは三八・三九ページで述べたように、〝マザーグース〟という言葉に対する認識は、イギリス、アメリカ、日本など国によってかなりの温度差があります。ロンドン留学より帰国後、イギリスでの一般的な呼称〝ナーサリーライム〟にこだわり、拙著出版の折には『わらべうたとナーサリー・ライム』としましたが、日本の書店・図書館では「わらべうた」や「言語学」関連本として類別され、残念ながらマザーグース関連の本として認識されることは皆無といった状況です。

これは、北原白秋の『まざあ・ぐうす』の影響とともに、英語“nursery rhymes”が伝承童謡も創作詩も現代詩も含めた子どもの押韻詩を広く指し、日本人の概念にある〝マザーグース〟は、厳密にいえば“old nursery rhymes”あるいは“traditional nursery rhymes”であることも混乱の一因かもしれません。そしてこのような混乱を避けるために、筆者は数年前から“old nursery rhyme”の日本語訳として〝マザーグース〟を用いることにし、本書のタイトルも本文中の用法もそれに沿っています。

それにしても、まがりなりにも何とか脱稿できましたのは、ひとえに多くの方々の御助言とご協力のお陰と感謝しております。

ハウ女史に関することでは、外山友子・手代木俊一両先生から多くのアドバイスや資料を提供していただきました。平野敬一先生からも貴重な資料やアドバイスをいただき、視点を拡げることができました。またレコード関係では、ビクターエンタテインメントの資料室や坂元勇二ディレクター、国会図書館の音楽資料室に大変お世話になりました。日本音楽著作権協会資料室の鈴木さんにも著作権登録の状況を教えていただき、手がかりを得ることができました。

そして、この著作に取りかからなければ、おそらくお目にかかる機会はなかったであろう、小泉時・高田三九三両氏から、貴重なお話を伺えたことも幸せでした。ただ、高田氏は本年一月に鬼籍に入られ、出版のご報告が間に合わなかったことが心残りです。

心残りといえば、ロンドン大学留学時代にも励まし続けてくださっていた藤田圭雄先生が一九九九年に鬼籍に入られ、『赤とんぼ』のお話を直接伺う機会を逸してしまったことも悔やまれてなりません。ご存命なら、きっと喜んで話しを聞かせてくださり、いろいろなことが解明できたでしょうにと、こればかりは我が筆の遅き歩みが恨めしくなります。

最後に、「歴史文化ライブラリー」の書目として声をかけ、辛抱強く待ってくださり、出版にあたっては適切なアドバイスをくださるとともに筆者のわがままをいろいろ聞いてくださった吉川弘文館編集部のスタッフの方たち、本書をひも解いてくださった読者の皆様に、心よりの感謝を捧げます。

二〇〇一年　七夕の夜に

鷲津名都江

付表1　竹久夢二マザーグース訳登場作品一覧

	『さよなら』明治43・11	『絵物語 小供の国』明治43・12	『絵ものがたり 京人形』明治44・3	『どんたく』大正2・11	『青い船』大正7・7	『歌時計』大正8・7	『青い小径』大正10・7	『竹久夢二童謡集 凧』大正15・12
Who Killed Cock Robin?	「少年と春」（第1連のみ）							
Pussy Cat, Pussy Cat	ロンドンへ				ロンドンへ	猫のクロさん（改作）		
There was an Old Woman Lived Under a Hill (a)		ひとつ石						
Curly Locks! Curly Locks!			私の女王					
There was an Old Woman Lived Under a Hill (b)			春や昔					
The North Wind doth Blow			駒鳥			駒鳥（改作）		
If All the World were Paper			誰も知らぬ事	断章3（一部改作）				
Hush, Baby, My Doll			お人形さん					
Barber, Barber			鬘の毛			かづら（一部改作）		かつら（歌時計収録分）
Doctor Foster Went to Gloucester			おしのび	おしのび（改作）		おしのび（再改作）		

Rain on the Green Grass				断章 8		シャッポ		
Peter White					鼻の平さん	鼻の平さん		鼻の平さん
There was a Fat Man of Bombay					藤助	となりの藤助（一部改作）		となりの藤助
A Man in the Wilderness					山と海			
Hickup, Hickup, Go Away						吃逆		吃逆
I Love Little Pussy						おたま		
To School, To School!						鐘		
Two Birds Sat on a Stone						石	石	石（一部改作）
There was a Crooked Man						つむじまがり		つむじまがり
Little Miss Muffet						蜘蛛		
Lavender's Blue						王と女王		
Baa, Baa, Black Sheep						羊の毛	羊（一部改作）	
If All the Seas were One Sea						大きな音		
There was an Old Woman Called Nothing-at-all						欠伸	無（一部改作）	
Bobby Shaftoe's Gone to Sea						ボビーさん		
Draw a Pail of Water						青い着物		
White Bird Featherless								雪

付表2　第2次マザーグース・ブーム以降の主なマザーグース関連出版物等一覧（1970～2000）

出版年	訳（著・編・監修）	タイトル	出版社	種類
1970	谷川俊太郎訳	『スカーリーおじさんのマザー・グース』 絵：リチャード・スカーリー	中央公論社	翻訳絵本
1972	平野敬一著	『マザー・グースの唄　イギリスの伝承童謡』	中央公論社	解説書
1973	平野敬一編訳	『マザー・グース童謡集』（選書）楽譜・カセットテープ付	ELEC 出版部	註釈付テキスト
1974	平野敬一著	『マザー・グースの世界　伝承童謡の周辺』（選書）	ELEC 出版部	解説書
1975	谷川俊太郎訳	『マザー・グースのうた　第1集～第3集』 絵：堀内誠一	草思社	訳詩選集
1976	北原白秋訳	『まざあ・ぐうす』（復刊版・文庫） 挿絵：鈴木康司	角川書店	訳詩選集
	岸田理生訳	『マザーグースの絵本Ｉ　だんだん馬鹿になってゆく』 絵：ケイト・グリーナウェイ	新書館	訳詩＋雑文集
	谷川俊太郎訳	『マザー・グースのうた　第4集』 絵：堀内誠一	草思社	訳詩選集
	鶴田公江訳注	『英語のあそびうた　生きているマザーグース』 編：キャミー・カンダン	評論社	翻訳絵本
	岸田理生訳	『マザーグースの絵本II　アップルパイは食べないで』 絵：ケイト・グリーナウェイ	新書館	訳詩＋雑文集
	谷川俊太郎訳	『マザー・グースのうた　第5集』 絵：堀内誠一	草思社	訳詩選集
	岸田理生訳	『マザーグースの絵本III　なぞなぞなぁに？　みつけた』 絵：ケイト・グリーナウェイ	新書館	訳詩＋雑文集
	吉竹迪夫著訳	『訳詞と解説　まざー・ぐーす　上』	中教出版	訳詩選集・解説書
	平野敬一編	『マザー・グース　その世界』	すばる書房	解説・訳詩・雑文集
	平野敬一訳	『マザー・グース　イギリスのわらべうた』 絵：セイモア・チュウェ	ほるぷ出版	翻訳絵本

		イスト　ミルトン・グレイサー　バリー・ヴェイド		
	酒井チエ訳	『オサムズ　マザーグース』 絵：原田治	コージー本舗出版部	絵　本
	日本児童文学者協会編	『日本児童文学別冊　マザー・グースのすべて』	ほるぷ教育開発研究所	解説・訳詩・座談・雑文集
	北原白秋訳	『まざあ・ぐうす』（ハードカバー）挿絵：鈴木康司	角川書店	訳詩選集
	清水真砂子訳	『マザーグースのうた　のんきなかりゅうど』 作：スーザン・ジェファース	アリス館牧新社	翻訳絵本
1977	矢川澄子訳	『マザーグース　ファンタジー』銅版画：東逸子	すばる書房	絵　本
	出口保夫編訳	『英文世界名作シリーズ24　マザーグースのうた』	評論社	訳詩選集
	長谷川四郎訳	『マラルメ先生のマザー・グース』 著：ステファヌ・マラルメ	晶文社	マラルメによる解説付訳詩選集
	吉竹迪夫著訳	『訳詞と解説　まざー・ぐーす　下』	中教出版	訳詩選集・解説書
	谷川俊太郎訳	『マザー・グース　うたのほん』（『マザー・グースのうた』別巻） 編：大町正人　編曲：若松正司　絵：堀内誠一	草思社	楽譜付翻訳絵本
	平野敬一編訳	『続　マザー・グース童謡集』（選書）楽譜・カセットテープ付	ELEC 出版	註釈付テキスト
	寺山修司訳	『マザー・グース』 絵：アーサー・ラッカム	新書館	翻訳絵本
1978	渡辺茂編註	『MOTHER GOOSE'S NURSERY RHYMES　マザーグース童謡集』　カセットテープ付	北星堂書店	註釈付テキスト
	寺山修司訳	『マザー・グース２〜３』 絵：アーサー・ラッカム	新書館	翻訳絵本
	桐島洋子著	『マザー・グースと三匹の子豚たち』	文芸春秋	エッセイ
	岸田理生訳	『マザーグースのクッキング・ブック』 絵：ケイト・グリーナウェイ	新書館	料理絵本
	谷川俊太郎訳	『マザーグースの料理絵本』 著：フランシス・シェリダン・グラール 絵：ドナルド・ヘンドリックス	主婦の友社	料理絵本

1978	由良君美訳	『マザーグースのうたがきこえる』 絵：ニコラ・ベーリー	ほるぷ出版	翻訳絵本
	渡辺茂男訳	『マザーグースのえほん　ロンドン橋が落ちまする！』 絵：ピーター・スピア	冨山房	翻訳絵本
	大庭みな子訳	『ポール・ガルドン昔話シリーズ　ジャックはいえをたてたとさ　マザー・グースより』　絵：ポール・ガルドン	佑学社	翻訳絵本
	神宮輝夫訳	『マザーグースのえほん　ヘクター・プロテクターとうみのうえをふねでいったら』 作：モーリス・センダック	冨山房	翻訳絵本
1980	岸田衿子訳	『ミセスこどもの本　ハバードおばさんといぬ』 絵：アーノルド・ロベル	文化出版局	翻訳絵本
	中山知子訳	『ポール・ガルドン昔話シリーズ 8　ハバードおばさんといぬ　マザー・グースより』 絵：ポール・ガルドン	佑学社	翻訳絵本
	アン・ヘリング訳	『こどものための世界名作童話18　ハンプティダンプティの本　イギリス・アメリカのわらべうた』 絵：武井武雄	集英社	訳詩選集
1981	谷川俊太郎訳	『マザー・グース　1～4』(文庫) 監修：平野敬一　挿絵：和田誠	講談社	訳詩選集
	桐島洋子著	『マザー・グースとお茶を　桐島洋子対談集　桐島洋子と９人の素晴らしき女性たち』	婦人生活社	対談集
	矢野文雄著	『知っておきたいマザー・グース　Part１』	三友社出版	解説書
	谷川俊太郎訳	『マザー・グースの５つの歌　混声合唱組曲』 作曲：青島広志	カワイ出版	楽譜集
	石川澄子訳	『マザー・グース１』 編：W.S. & C. ベアリンググールド	東京図書	研究書
	中山克郎訳	『もうひとつのマザー・グース』	東京布井出版	訳詩選集
	石川澄子訳	『マザー・グース２』 編：W.S. & C. ベアリンググールド	東京図書	研究書
	高田三九三著訳	『歌うマザー・グース　１～２』 編曲：奥村美和子	共同音楽出版社	楽譜集
1982	石川澄子訳	『マザー・グース３』 編：W.S. & C. ベアリンググールド	東京図書	研究書
	尾上雅野著	『たのしい手芸11　マザーグースのししゅう』	婦人画報社	手芸本

	百々佑利子訳	『「ナーサリー・ライム」の世界』	ラボ教育センター	註釈付テキスト
	吉田新一・桂宥子訳	『幻の絵本館8　娘たちのマザーグース』 文：ラッセル伯爵夫人　絵：ケイト・グリーナウェイ	立風書房	翻訳絵本
	谷川俊太郎訳	『マザーグースの子どもたち　I～II』写真・編：加藤和長	偕成社	写真絵本
1983	鈴木一博著訳	『マザー・グースをたずねて』	鈴木一博	研究書
	三善晃作曲	『少年少女合唱のための　マザーグースの三つの歌』	音楽之友社	楽譜集
	えほんのせかい 編集部編	『原本ほるぷ世界の絵本第11集解説書　マザーグースと世界のわらべうた』	ほるぷ出版	解説書
	藤野紀男著	『知っておきたいマザー・グース　Part 2』	三友社出版	解説書
	谷川俊太郎訳	『マザーグースの歌　女声合唱版』 作曲：青島広志	カワイ出版	楽譜集
	谷川俊太郎訳	『続マザーグースの歌　混声合唱版』 作曲：青島広志	カワイ出版	楽譜集
	矢野文雄(藤野紀男)著	『殺られるのはいつもコックロビン　マザー・グースのミステリー案内』	日本英語教育協会	解説書
	百々佑利子監修・訳 (ナーサリーライム部分)	『詩とナーサリー・ライム　第1集～第3集』 カセットテープ付 詩の監修：山本まつよ	ラボ教育センター	テキスト
1984	寺山修司訳	『マザー・グース』 絵：アーサー・ラッカム（1977-78の3冊を全1巻にまとめたもの）	新書館	翻訳絵本
	藤野紀男著訳	『マザー・グースの唄が聞こえる』	朝日イブニングニュース社	解説書
	矢野文雄著訳	『アガサ・クリスティーはマザー・グースがお好き』	日本英語教育協会	解説書
	谷川俊太郎訳	『マザーグースの歌　男声合唱版』 作曲：青島広志	カワイ出版	楽譜集
	斎藤誠毅編	『MOTHER GOOSE　1』 挿絵：小林与志	講談社インターナショナル	選　集
	谷川俊太郎訳	『マザー・グース　1，2』（ハードカバー） 監修：平野敬一　挿絵：和田誠	講談社	訳詩選集

1985	谷川俊太郎訳	『マザー・グース　3，4』(ハードカバー) 監修：平野敬一　挿絵：和田誠	講談社	訳詩選集
	藤野紀男著訳	『マザー・グースの英国』	朝日イブニングニュース社	解説書
	谷川俊太郎訳	『新マザーグースの歌　女声合唱版』 作曲：青島広志	カワイ出版	楽譜集
	寺島尚彦編	『楽しく歌おう・マザー・グース　合唱譜・ピアノ伴奏付』	ドレミ楽譜出版	楽譜集
	宮川幸久・外山滋比古編	『A HANDBOOK OF NURSERY RHYMES』	研究社	註釈付テキスト
	高木あきこ訳	『ポップアップ　マザー・グースのうた　1～4』CD付	偕成社	翻訳絵本
	百々佑利子監修・訳	『ナーサリー・ライム　うたのえほん①　Ring-a-Ring o'Roses』 作：レイモンド・ブリッグス　カセットテープ付	ラボ教育センター	テキスト・翻訳絵本
1986	渡辺茂著	『マザー・グース事典』	北星堂書店	解説書
	谷川俊太郎訳	『いちおう混声合唱のための　本家マザー・グースのうた』 作曲：青島広志	音楽之友社	楽譜集
	森一訳	『英国童謡選』	千　城	訳詩選集
	百々佑利子監修・訳	『マザーグースとあそぶ本』 カセットテープ又はCD付 編著：ラボ教育センター	ラボ教育センター	註・指導・楽譜付テキスト
	鈴木一博著訳	『マザー・グースの誕生』(現代教養文庫)(『マザー・グースをたずねて』〈1983〉の改訂版)	社会思想社	研究書
	宮川幸久他共編	『マザーグース童謡集』	日本英語教育協会	註釈付テキスト
1987	ひらいたかこ著訳	『マザーグース・ショーケース』 絵：ひらいたかこ	東京創元社	詩画集
	藤野紀男著訳	『マザーグース案内』	大修館書店	解説書
	藤野紀男著訳	『マザーグースの唄が聞こえる』(復刻版)	洋版出版	解説書
	谷林真理子訳	『マザーグースのお菓子絵本』 指導：宮川敏子	立風書房	料理本

	薬師川虹一・豊田恵美子著訳	『マザー・グースと美しい英詩』	北星堂書店	解説付テキスト
	藤野紀男著	『英文学の中のマザーグース』	荒竹出版	解説書
1988	来住正三著訳	『マザー・グースをしってますか』	南雲堂	解説書
	藤野紀男著訳	『マザーグースのカレンダー　唄でつづる12ヵ月』	原書房	解説書
	瀬戸武雄編	『MOTHER GOOSE 2』 挿絵：小林与志	講談社インターナショナル	選　集
	Kiddy Cat 編集部編	『えいごのあそびうた図鑑　マザーグースとあそぼうよ』（この本のカセットテープ『たのしい英語の歌・マザーグース名曲集』も同時発売）	アルク	註・指導・楽譜付テキスト
	朝日新聞東京本社企画第1部編	『マザーグースの世界展』（朝日新聞社・オックスフォード大学ボードリアン図書館主催展カタログ）	朝日新聞社	図　録
	藤野紀男著	『こどもの本研究叢書 6　マザーグースの諸相』	中教出版	解説書
1989	Kiddy Cat 編集部編	『えいごのあそびうた図鑑　続マザーグースとあそぼうよ』（この本のカセットテープ『たのしい英語の歌・マザーグース名曲集②』も同時発売）	アルク	註・指導・楽譜付テキスト
	コージー本舗出版部編	『ベッドタイム・ストーリーズ　オサムズ・マザーグース』 絵：原田治	ビクターブックス	絵　本
	藤野紀男著	『保存版　名作マザーグース70選』	三友社出版	解説書
	和田誠訳	『オフ・オフ・マザー・グース』	筑摩書房	訳詩選集
1990	Kiddy Cat 編集部編	『えいごのあそびうた図鑑　マザーグースとあそぼうよNo.③』（この本のカセットテープ『たのしい英語の歌・マザーグース名曲集③』も同時発売）	アルク	註・指導・楽譜付テキスト
	ひらいたかこ著訳	『ディア　マザーグース』 絵：ひらいたかこ	架空社	詩画集

1990	薬師川虹一・豊田恵美子著訳	『マザー・グースと英詩の魅力』	北星堂書店	解説書
	吉田映子訳	『イギリス童謡の星座』 著：内藤里永子	大日本図書	研究書
	ひらいたかこ・磯田和一著	『マザーグースころんだ ヨーロッパ・イラスト紀行③』	東京創元社	イラスト紀行
	ぱくきょんみ訳	『つきなんかひとっとび ふしぎなくにのマザーグース』 絵：シャーロット・ヴォーク	パルコ出版	翻訳絵本
	ぱくきょんみ訳	『いたずらたまご ハンプティ・ダンプティのほんとうのおはなし』 文：サラ・ヘイズ 絵：シャーロット・ヴォーク	パルコ出版	翻訳絵本
	河野一郎訳	『オレンジとレモン』 編：カレン・キング 絵：アイアン・ベック	オックスフォード大学出版局	楽譜付翻訳絵本
1991	谷川俊太郎訳	『ピアノの絵本館7 マザー・グース ピアノ・ソロ』 作曲：寺内園生 絵：たまいいずみ	全音楽譜出版	絵本楽譜集
	谷川俊太郎訳	『ピアノの絵本 マザーグース CD—book』CD付 編曲：木下牧子 絵：津田直美	カワイ出版	絵本楽譜集
	北村太郎訳	『マザーグース MOTHER GOOSE』 編：アイオーナ・オーピー 絵：モーリス・センダック他	パルコ出版	翻訳絵本
	星野孝司訳	『19世紀のアメリカ人が集めた 中国のマザーグース』 著：ロビン・ギル	北沢書店	研究書
	山口雅也著	『パンク=マザーグースの事件簿 キッド・ピストルズの冒瀆』（推理文庫）	東京創元社	推理小説
1992	日本放送出版協会編	『NHK教育テレビ MOTHER GOOSE Part(1)』 監修：平野敬一 訳：谷川俊太郎	日本放送出版協会	解説書
	鷲津名都江著訳	『わらべうたとナーサリー・ライム 日本語と英語の比較言語リズム考』	晩聲社	研究書
	松本和子著	『マザーグースのクロスステッチ』	主婦と生活社	手芸本

	日本放送出版協会編	『NHK 教育テレビ　MOTHER GOOSE Part(2)』 監修：平野敬一　訳：谷川俊太郎	日本放送出版協会	解説書
	平野敬一監訳	『オーピー・コレクション　復刻マザーグースの世界　テキストガイド』	ほるぷ出版	訳詩選集
	平野敬一監修	『オーピー・コレクション　復刻マザーグースの世界　解説』	ほるぷ出版	解説書
	ほるぷ出版編	『オーピー・コレクション　復刻マザーグースの世界』	ほるぷ出版	復刻版28冊
	日本放送出版協会編	『NHK 教育テレビ　MOTHER GOOSE Part(3)』 監修：平野敬一　訳：谷川俊太郎	日本放送出版協会	解説書
	浅田孝二訳	『ジャックがつくったせかい』 作：ルース・ブラウン	大日本図書	翻訳絵本
	石坂浩二訳	『石坂浩二のマザーグース』 絵：ブライアン・ワイルドスミス	エム・エ・エム	翻訳絵本
1993	三木卓訳	『ローベルおじさんのねこのマザーグース』 作：アーノルド・ロベル	文化出版局	翻訳絵本
	アスカ編	『CDと絵本　マザー・グース　MOTHER GOOSE: A COLLECTION OF NURSERY RHYMES　①』 CD付　絵：有馬義人	明日香出版	絵本・テキスト
	アスカ編	『CDと絵本　マザー・グース　MOTHER GOOSE: A COLLECTION OF NURSERY RHYMES　②』 CD付　絵：おぼまこと	明日香出版	絵本・テキスト
	谷川俊太郎訳	『ル・メールのマザーグース・メロディー』 CD付 絵：ウィルビーク・ル・メール　解説：吉田新一	偕成社	楽譜付翻訳絵本
	山口雅也著	『パンク=マザーグースの事件簿　キッド・ピストルズの妄想』	東京創元社	推理小説
	平野敬一監訳	『イーソーを見た　子どもたちのうた』 編：オーピー夫妻　絵：モーリス・センダック	ほるぷ出版	翻訳絵本
1994	麻田まさと訳	『ねこばん　まざあぐうす』	葦書房	訳詩選集
	上田和夫著	『英語マザーグース集　英米人のことばあそびうた』	西田書店	解説書
	原岡笙子著	『NHK・上級基礎英語　マザーグースで身につける英語の発音とリズム』 CD付	日本放送出版協会	テキスト
	平野敬一編著	『英語で読もう　*Mother Goose*』	筑摩書房	註釈付テキスト

1994	来住正三編注	『5分間マザー・グースの世界』 カセットテープ付	南雲堂	解説付テキスト
1995	瀬戸武雄編	『MOTHER GOOSE 3』 挿絵：小林与志	講談社インターナショナル	選　集
	日本コロムビア制作	『ビデオでうたおう　英語のうた　アルファベットのうた』 うた：ダフネ・シェパード、ケント・チルドレン・コラール	日本コロムビア	ビデオ英語教材
	日本コロムビア制作	『ビデオでうたおう　英語のうた　ヒコリ・ディコリ・ドック』 うた：ダフネ・シェパード、ケント・チルドレン・コラール	日本コロムビア	ビデオ英語教材
	日本コロムビア制作	『ビデオでうたおう　英語のうた　ロンドン橋』 うた：ダフネ・シェパード、ケント・チルドレン・コラール	日本コロムビア	ビデオ英語教材
	日本コロムビア制作	『ビデオでうたおう　英語のうた　メリーさんの羊』 うた：ダフネ・シェパード、ケント・チルドレン・コラール	日本コロムビア	ビデオ英語教材
	宮崎照代著訳	『マザーグース英国飛行』 絵：宮崎照代	白泉社	解説付詩画集
	山口雅也著	『パンク=マザーグースの事件簿　キッド・ピストルズの慢心』	講談社	推理小説
	和田誠訳	『またまた・マザー・グース』	筑摩書房	訳詩選集
	鷲津名都江監修・文	『マザー・グースをくちずさんで　—英国童謡散歩—』 写真：中川祐二，アンディ・キート	求龍堂	解説書
1996	西条八十・野上彰他編	『世界童謡集』（『世界少年少女文学全集第32巻　世界童謡集』（東京創元社，1955を底本とする）	フレア文庫	訳詩選集(野上彰訳79篇所収)
	鷲津名都江著訳	『英国への招待　マザー・グースをたずねて』	筑摩書房	解説書・紀行
	谷川俊太郎訳	『マザー・グース　愛される唄70選』 解説：渡辺茂	講談社インターナショナル	選　集
	鳥山淳子著訳	『映画の中のマザーグース』	スクリーンプレイ出版	解説書
	平野敬一監訳	『オーピー・コレクション　復刻マザーグースの世界Part II　テキストガ	ほるぷ出版	訳詩選集

		イド』		
	平野敬一監修	『オーピー・コレクション　復刻マザーグースの世界 Part II　解説』	ほるぷ出版	解説書
	ほるぷ出版編	『オーピー・コレクション　復刻マザーグースの世界 Part II』	ほるぷ出版	復刻版28冊
	神宮輝夫訳	『私たちもジャックもガイもみんなホームレス　ふたつでひとつのマザーグースえほん』 作：モーリス・センダック	冨山房	翻訳絵本
1997	安藤幸江編注	『NURSERY RHYMES ビデオで楽しむマザーグース』（ロングマンのビデオ“NURSERY RHYMES”対応書）	北星堂書店	テキスト
	鷲津名都江著訳	『増補版　わらべうたとナーサリー・ライム　日本語と英語の比較言語リズム考』	晩聲社	研究書
	寺嶋陸也作曲	『若いひとたちのためのオリジナル・コーラス　がちょうおばさんの音楽帳　マザー・グースによる13の歌　女声合唱とピアノのために』	音楽之友社	楽譜集
	鷲津名都江訳	『ししゅうでつづるマザーグース』 刺繍：ベリンダ・ドウンズ	評論社	翻訳絵本
	上野和子訳	『クリスマスの12日　とびだししかけえほん』 作：ロバート・サブタ	大日本絵画	翻訳絵本
	石坂浩二訳	『世界の絵本　クリスマスの12にち』作：ブライアン・ワイルドスミス	講談社	翻訳絵本
1998	河野一郎編訳	『対訳英米童謡集』（文庫）	岩波書店	選　集
	鷲津名都江訳	『マザーグース・ライブラリー1　ホラ　すてきなお庭でしょう』 絵：ピーター・スピア	瑞雲舎	翻訳絵本
	鷲津名都江訳	『マザーグース・ライブラリー2　バンザイ!　海原めざして出航だ!』 絵：ピーター・スピア	瑞雲舎	翻訳絵本
	鷲津名都江訳	『マザーグース・ライブラリー3　市場へ!　いきましょ!』 絵：ピーター・スピア	瑞雲舎	翻訳絵本
	川端康雄著	『オーウェルのマザーグース　歌の力　語りの力』（選書）	平凡社	研究書
1999	ブライアン・オルダーソン著	『6ペンスの唄をうたおう　イギリスの絵本の伝統とコールデコット』 訳：吉田新一	日本エディタースクール出版部	研究書

1999	出原速夫著	『マザーグースのタイプ・スペサマン・ブック　英字級数表』 イラスト：チャールズ・ロビンソン	メディアファクトリー	レタリング
	加藤恭子, ジョーン・ハーヴェイ著	『大人になってから読むマザー・グース』	PHP 研究所	研究書
	藤野紀男著	『グリム童話よりも恐いマザーグースって残酷』(waiwai 文庫)	二見書房	解説書
	山口雅也著	『マザーグースは殺人鵞鳥』	原書房	解説書
	アン・ヘリング訳	『奇想天外でおもしろい　ハンプティダンプティの本　英語圏のわらべうた』(1980年版の新装・増補版) 絵：武井武雄	透土社	訳詩選集
	百々佑利子監修・訳	『はじめてのマザーグース　Ring-a-Ring o'Roses』CD 付 原作・絵：レイモンド・ブリッグス　(新装)	ラボ教育センター	テキスト・翻訳絵本
	鷲津名都江訳	『クリスマスの12にち』CD 付　絵：エミリー・ボーラム	福音館書店	翻訳絵本
	夏目康子著	『マザーグースと絵本の世界』	岩崎美術社	研究書
2000	ひらいたかこ著訳	『魔女の隠れ家』　絵：ひらいたかこ	東京創元社	画　集
	山田詩子訳	『ターシャ・テューダーのマザー・グース』 絵：ターシャ・テューダー	フェリシモ出版	翻訳絵本
	Kiddy Cat 編集部編	『うたおう!　マザーグース　家庭で、教室で楽しむ、英語のあそびうた 上・下』　CD 付	アルク	テキスト
	谷川俊太郎訳	『よりぬきマザーグース』(少年文庫) 編：鷲津名都江	岩波書店	解説付訳詩選集
	谷川俊太郎訳	『マザー・グース・ベスト』　三巻セット　絵：堀内誠一	草思社	訳詩選集

註　出版年のすぐ右には，該当書のマザーグース訳を担当した訳者名を優先的に挙げました．訳者と著者等が異なる場合には，著者名等をタイトル欄に明記してあります．

付表3　コミックスのマザーグース出典一覧

作家	作品名	出版年	登場マザーグース
萩尾望都	〝別冊少女コミック〞	小学館	
	『マーマレードちゃん』	1972年23号	Georgie Porgie
	『キャベツ畑の遺産相続人』	1973年15号	Georgie Porgie
	『ポーの一族』		
	「メリーベルと銀のばら」	1972年12月	Bessy Bell and Mary Gray（→主人公名に反映）
			Humpty Dumpty（訳一部）
	「小鳥の巣」	1973年5月	Who Killed Cock Robin?（訳を物語の進行に使用）
	「はるかな国の花や小鳥」	1975年7月	A was an Apple Pie（英詩＋訳）
	「ペニー・レイン」	1975年3月	The Lion and the Unicorn（訳一部）
	「ピカデリー7時」	1975年6月	Oranges & Lemons（訳を物語の進行に使用）
	「一週間」	1975年10月	Monday's Child（英詩一部）
			If All the World were Paper（英詩一部）
			Rain, Rain, Go Away（英詩一部）
			Rub-a-Dub Dub（英詩一部）
			Georgie Porgie（谷川訳一部＋英詩一部）
	『萩尾望都イラスト詩集　少年よ』	白泉社，1976年	Who Killed Cock Robin?（訳）
	『月夜のバイオリン　萩尾望都童話の世界』	オリオン社，1976年	Little Miss Muffett（キャラクターとして使用）
		（新書館，1981年）	Mary had a Little Lamb（キャラクターとして使用）
	〝別冊マーガレット〞	集英社	
	「パパとパイプ」	1973年6月号	March Winds and April Showers（白秋訳＋英詩）
	「キャベツ畑でつまずいて」	1974年6月号	Humpty Dumpty（アリスのキャラクターとしての認識）

和田慎二	 「白い学生服」 "花とゆめ増刊" 「ケンタッキーのクマ母さん」 「いとこにキッス」	 1974年11月号 白泉社 1974年7月号 1982年5月号	As White as Milk（白秋訳） A Sunshiny Shower（巻末に英詩のみ） One, Two, Buckle My Shoe（英詩，欄外に注あり） Georgie Porgie（英詩，「今回のテーマ・マザーグース」として巻末に登場）
三原順	"花とゆめ"『われら　はみだしっ子』 「だから旗ふるの」 「山の上に吹く風は」 「ブルーカラー」	白泉社 1976年2号 1977年6号 1979年14号	 Rain, Rain, Go Away（訳） London Bridge（英詩2行のみ） Mary had a Little Lamb（訳）
成田美名子	"花とゆめCOMICS"『ウェルカム』 「夢追人」（16才〈1977年〉の未発表作） "ララ" 「ワンダーランド」 "ララ"『あいつ』 「独立宣言の夜」	白泉社，1978年 白泉社 1978年3月号 白泉社 1980年4月号	 If All the World were Paper（英詩一部） Hickory Dickory Dock（英詩一部＋訳） There were Two Birds（英詩一部＋訳一部） Up in the North（谷川訳，「マザーグースの詩なんかを思い出す」の表現あり）
魔夜峰央	"花とゆめ"『パタリロ！』 「パタリロ7世と8世」	白泉社 1980年7号	 Who Killed Cock Robin?（「だーれが殺した　クック　ロービン」という決まり文句のセリフのみで登場）
	"ララ"『ハッピー・トーク』 「第1話　デイジー都へ行く」	白泉社 1990年7月号	 Ride a Cock-horse to Banbury Cross（英詩一部）

岡野史佳	「第２話　すてきな魔法」	1990年８月号	.A Carrion Crow（英詩＋訳）
	「マザー・グースのうた」（単行本『ハッピー・トーク１』のための描きおろし）	1990年	Ride a Cock-horse to Banbury Cross（英詩＋訳） Hey Diddle Diddle（英詩＋訳） Pat-a-Cake（英詩＋訳） How Many Miles to Babylon？（英詩＋訳） What are Little Boys Made of?（英詩＋訳）
	「第４話　黒猫、倫敦を走る②」	1990年11月号	Oranges & Lemons（訳一部）
	「第４話　黒猫、倫敦を走る③」	1990年12月号	Tweedledum and Tweedledee（アリスの話の登場人物の名前と解釈した上で，呼び名に使用）
川原泉	“花とゆめ COMICS”『バビロンまで何マイル？』	白泉社 1991年	How Many Miles to Babylon？（タイトルのみに使用）
由貴香織里	“花とゆめ”『伯爵カインシリーズ』	白泉社	
	「誰がこまどり殺したの」	1993年８号	Who Killed Cock Robin?（訳詩の進行にそって物語も進行）
	「切り刻まれ食べられたミス・プディングの悲劇」	1993年10号	A was an Apple Pie（タイトルにパロディー化して使用） When Good King Arthur Ruled This Land（谷川訳をアレンジ＋この詩のプディングにかけて殺人事件が進行） My Mother has Killed Me（訳） Lizzie Borden（谷川訳をアレンジ） There was a Man, a Very Untidy Man（谷川訳をアレンジ）
	「捩じれた童話」（ふろく掲載）	1993年17号	My Mother has Killed Me（訳をタイトル頁に入れ込み，このマザーグースが民話，グリム童話に由来することを

			「ATOGAKI」で示唆）
			There was a Crooked Man（→タイトル名に反映）
由	「赤い羊の刻印①」	1994年7号	Punch and Judy（Mr.パンチの人形が登場）
貴	「赤い羊の刻印②」	1994年8号	There was an Untidy Man（谷川訳をアレンジ）
香			Punch and Judy（Mr.パンチの人形のみが登場）
織	“花とゆめ COMICS”	白泉社	
里	『少年の孵化する音　伯爵カインシリーズ②』	1993年	Humpty Dumpty（訳，中扉に掲載）
	「ATOGAKI」（この単行本用描きおろし）		And Then There were None（英詩のこの1行＋訳，ラストページに使用）

著者紹介
一九四八年、愛知県一宮市に生まれる
一九八二年、青山学院大学大学院文学修士課程修了
一九八七年、ロンドン大学教育学研究所修士課程修了
現在、目白大学教授

主要著書
わらべうたとナーサリー・ライム　マザー・グースをたずねて　マザー・グースをくちずさんで他　（訳書）ししゅうでつづるマザーグース　クリスマスの12にち他

歴史文化ライブラリー
129

マザーグースと日本人

二〇〇一年（平成十三）一一月一日　第一刷発行

著　者　鷲《わし》津《づ》名《な》都《つ》江《え》

発行者　林　英男

発行所　株式会社 吉川弘文館
東京都文京区本郷七丁目二番八号
郵便番号一一三—〇〇三三
電話〇三—三八一三—九一五一〈代表〉
振替口座〇〇一〇〇—五—二四四

印刷＝平文社　製本＝ナショナル製本
装幀＝山崎　登

歴史文化ライブラリー

1996.10

刊行のことば

現今の日本および国際社会は、さまざまな面で大変動の時代を迎えておりますが、近づきつつある二十一世紀は人類史の到達点として、物質的な繁栄のみならず文化や自然・社会環境を謳歌できる平和な社会でなければなりません。しかしながら高度成長・技術革新にともなう急激な変貌は「自己本位な刹那主義」の風潮を生みだし、先人が築いてきた歴史や文化に学ぶ余裕もなく、いまだ明るい人類の将来が展望できていないようにも見えます。このような状況を踏まえ、よりよい二十一世紀社会を築くために、人類誕生から現在に至る「人類の遺産・教訓」としてのあらゆる分野の歴史と文化を「歴史文化ライブラリー」として刊行することといたしました。

小社は、安政四年（一八五七）の創業以来、一貫して歴史学を中心とした専門出版社として書籍を刊行しつづけてまいりました。その経験を生かし、学問成果にもとづいた本叢書を刊行し社会的要請に応えて行きたいと考えております。

現代は、マスメディアが発達した高度情報化社会といわれますが、私どもはあくまでも活字を主体とした出版こそ、ものの本質を考える基礎と信じ、本叢書をとおして社会に訴えてまいりたいと思います。これから生まれでる一冊一冊が、それぞれの読者を知的冒険の旅へと誘い、希望に満ちた人類の未来を構築する糧となれば幸いです。

吉川弘文館

〈オンデマンド版〉
マザーグースと日本人

On Demand
歴史文化ライブラリー
129

2017年（平成29）10月1日　発行

著　者　鷲《わし》津《づ》名《な》都《つ》江《え》
発行者　吉　川　道　郎
発行所　株式会社　吉川弘文館
〒113-0033　東京都文京区本郷7丁目2番8号
TEL　03-3813-9151〈代表〉
URL　http://www.yoshikawa-k.co.jp/

印刷・製本　大日本印刷株式会社
装　幀　清水良洋・宮崎萌美

鷲津名都江（1948～）

ISBN978-4-642-75529-0